남자 마음
여자 마음
확!
잡아당기기

남자 마음 여자 마음
확! 잡아당기기

초판 1쇄 인쇄　2014년 2월 1일
초판 1쇄 발행　2014년 2월 5일

지은이　김가륜
펴낸이　金泰奉
펴낸곳　한솜미디어
등록　제5-213호

편집　박창서 김수정
마케팅　김명준
홍보　김태일

주소　143-200 서울시 광진구 구의동 243-22
전화　(02)454-0492(代)
팩스　(02)454-0493
이메일　hansom@hansom.co.kr
홈페이지　www.hansom.co.kr

값　10,000원
ISBN 978-89-5959-385-9 (13320)

남자 마음 여자 마음 확! 잡아당기기

김가륜 지음

한솜미디어

결혼 20년차 이상 부부들의 '황혼 이혼'이 꾸준히 늘어 지난해에는 3만 건을 넘어 전체 이혼 사건 중 가장 높은 비율을 차지했다.

대법원이 발간한 『2013 사법 연감』에 따르면 지난해 이혼 사건은 11만 4,316건으로 이 중 동거기간이 20년 이상인 경우는 3만 234(26.4%)건에 달했다.

| 머 | 리 | 말 |

필자는 현시대에 이혼율이 높아 가므로 이런 글을 쓰게 되었다. 남녀 관계는 서로의 초점을 맞추어 나가야 하는 것을 중점적으로 생각하기 때문에 이 점을 명심하시고 글의 내용을 읽어주시기 바란다.

어느 한 사람에 의해 다툼은 발생하지 않는다. 두 사람이 서로에게 바라는 것이 생기기 때문에 일어나는 일이다.
인간 관계는 타인과의 상호작용 과정으로 상대방에게 관심과 생각을 갖게 되면서부터 출발한다.
우리가 상대에게 어떤 관심을 보이느냐에 따라 그것이 사랑으로, 우정으로, 신뢰에 바탕을 둔 거래 관계로, 더 나아가서는 건전한 사회로 인해 삶의 밑바탕이 된다.
특히 남녀 관계는 서로 다른 삶의 환경에서 살다가 두 사람이 만남을 가지는 동시에 일심동체로 변하기 때문에 많은 대화의 필요성에 초점을 맞추어야 한다.
누구나 세상에 태어나면 본인의 그릇이 있다. 자기만의 그릇대로 살아가야 한다.

  타인의 그릇이 내 그릇이 될 수 없으므로 주어진 내 그릇에 맞게 살아가야 한다. 모든 것은 내 의지와 욕심과 상관없이 돌아가는 것이 세상 이치다. 지금 이 순간에도 지구는 움직이고 있다.

  인간 관계란 덕을 주는 관계, 피해를 주는 관계, 무난한 관계, 무관심 관계, 이유 없이 끌리는 관계, 이유 없이 싫은 관계, 기타 여러 관계가 있다.

  그것은 자연의 섭리에서 온다. 자연의 이치에 순응할 수밖에 없다. 절대로 변하지 않는다. 콩 심은 데 콩 나고, 팥 심은 데 배추 나지 않는다. 사랑도 뿌린 곳에 사랑이 맺어진다.

  오늘도 많은 사랑을 타인에게 뿌리면 그 사랑은 언젠가 돌아온다. 불평 No, 비리 No, 불만 No, 욕심 No, 다 버리면 맘이 새털처럼 가벼워진다.

  인간 관계의 중요성을 모르는 사람들은 자연의 섭리에 순응하지 못하기 때문에 실망하고 속으면서도 기대를 가지고 살아간다.

  그래서 실망의 연속으로 세상을 살아가는 것이 우리네 인생이다. 이 또한 자연의 섭리인지라 모든 것이 맘대로 되지 않는다. 해서 현실에서는 우리네 인생이 매우 복잡하고 힘들다.

  하루하루 아무 탈 없이 보낸 것보다 더한 행복은 없다. 마음의 욕심을 채우려 하면 할수록 항시 역반응이 일어난다. 그러므로 화려한 삶 속에 가슴 조이며 사는 것보다 그저 평범한 삶 속에서 행복을 누리며 살아가는 것이 진정 행복한 삶이 아닌가 싶다.

김가률

| 차 | 례 |

머리말 _ 005
남녀 첫 미팅 시 대화 에티켓 _ 011
남녀 대화법 _ 013
스킨십의 중요성 _ 015
인간 관계는 자연의 이치와 섭리 _ 017
사랑이란 _ 018
남녀 관계는 노력과 배려 _ 020
남녀 관계는 한 몸 = 부부 일심동체 _ 023
부부가 꼭 지켜야 할 사항 _ 024
노부부 이야기 _ 025
세상살이에 친구는 한두 명 _ 028
취미란 _ 031
남녀 공통점 _ 033
핸드폰의 장단점 _ 035
화해 방법으로 이벤트 꾸미기 _ 038
기러기 아빠에 대해서 _ 040
남녀 간의 질투 _ 042
비뚤어진 성격 _ 043
젊은 남녀의 사랑 꽃 피우기 _ 045
행복이란 _ 047
남자를 성공시키는 여자 _ 049
섹스는 예술이다 _ 051

여자는 절대로 꽃뱀이 아니다 _ 054
여자를 존중하는 것은 남자에게 성공의 지름길 _ 056
가정은 지상 최대의 보금자리 _ 059
혼자 즐기는 것은 깨진 그릇(가정)이다 _ 061
사랑은 받는 것이 아니고 주는 것이다 _ 064
사랑에는 인내가 필요하다 _ 067
남녀 관계는 일심동체지만 예의에 벗어나면 안 된다 _ 070
누구나 살면서 한 번의 고비 수는 있다 _ 073
남녀의 성생활 _ 077
성격 차이라면… _ 079
종교적 갈등 _ 081
부부론 _ 083
가족과 함께 _ 085
남녀가 소통하는 방법(남녀 관계 심리학개론) _ 086
남성에게 용기를 주는 말 _ 106
여성이 남성에게 원하는 표현 _ 107
행복함에도 행복을 모르고 살아가는 삶 _ 109
선(善)과 악(惡)에 대한 고찰 _ 111
자신에 대한 고찰 _ 112
스트레스를 푸는 방법 _ 113
김가률 명언 중에서 _ 115

남녀 첫 미팅 시 대화 에티켓

　남녀가 처음 만났다. 막상 얼굴을 대하고 보니 무엇부터 이야기해야 할지 말문이 막혀 서로 눈치만 보는 어색한 분위기가 연출된다.

　그렇다고 자기자랑이나 과장된 이야기, 지나친 내숭떨기 등은 주의해야 한다.

　유머와 재치로 분위기를 자연스럽게 만들어야 한다. 서로 공감할 수 있는 주제가 나오면 이야기가 술술 풀리기 때문이다.

　그리고 본인의 속마음, 이를테면 신중한 관심사를 보여줘야 한다. 먼저 상대방의 장점을 찾아서 칭찬해 가며 서로에게 호감을 가져야 한다. 단점은 절대로 말해서는 안 된다. 처음 보았을 뿐인데 그 사람의 단점이 눈에 띄었다고 그것을 표현하면 그때부터 대화는 단절되고 상대방은 당황해서 말을 잃게 된다.

　자신의 가치는 스스로가 만들어가는 것이다. 그리고 자신에 대한 평가는 상대가 하는 것이다. 상대는 말씨나 행동을 주의 깊게 관찰한다.

첫 미팅에서 너무 많은 것을 보여주어서는 안 된다. 적당히 보여줘야 호기심이 생겨 데이트(After) 신청이 들어온다.

사람은 낯선 사람에 대한 호기심이 강하다. 특히 남녀 관계에서는 더욱더 그러하다.

첫 만남의 시간은 적당하게 보내는 것이 좋다. 시간이 길어지면 실수도 나올 수 있으므로 이를 방지하기 위함이다.

서로에 대해 잘 알지도 않은 상태에서 많은 것을 보여주면 만남이 성사되기 힘들다. 정이 조금씩 들면 이런저런 모습이 예쁘고 멋지게 보이는 법이다. 어느 정도의 미련을 남겨두어야 아쉬움 때문이라도 그 사람을 찾게 된다.

매너는 필수 조건에 속한다. 두 번 다시 만나기 싫다고 매너 없는 행동을 해서는 절대 안 된다. 그로 인해 분명 후회할 일이 발생할 수 있으므로 꼭 명심하기 바란다.

위의 내용처럼만 행동해도 상대방에게 좋은 이미지로 남아 많은 점수를 받을 수 있다. 언제, 어디서나 지혜로운 생각과 슬기로운 행동이 뒤따라야 한다.

남녀 대화법

　절대적으로 불편한 어조로 말해서는 안 된다. 상대방을 존중하는 자세로 역지사지를 생각하며 지혜롭고 설득력 있게 말해야 한다. 또한 상대가 말할 때 중간에 잘라서도 안 된다. 설사 상대가 기분 상하는 말을 하더라도 눈을 마주치며 상대의 말이 끝날 때까지 진심으로 경청하며 메모하는 것 또한 중요하다. 그러면서 해결 방법을 풀어나가야 한다.

　서로 말을 하지 않으면 점점 스트레스가 쌓여 결국 상처를 입게 된다. 손뼉도 마주쳐야 소리가 나듯이 다툼도 서로가 같기 때문에 일어난다.

　누구의 탓도 아니다. 모든 것은 나의 탓이다. 얼굴에 함박웃음 지으며 부드럽게 대하는데 화를 내는 사람은 없다. 이것은 모든 인간 관계에도 적용되며 삶을 살아가는 이치이기도 하다.

　상대가 손을 내밀기 전에 내가 먼저 상대에게 다가가 따뜻한 말 한마디 건네주고 인생의 동반자가 되어주어야 한다.

"고맙습니다."
"감사합니다."
"사랑합니다."

진심을 담아 표현하고 도덕과 윤리에 어긋나지 않게 행동하면 인간 관계는 아무런 문제가 없을 것이다.

스킨십의 중요성

사랑을 하면 건강이 찾아온다.

사람이 사랑을 할 때는 몸에서 엔도르핀(포유류의 뇌와 뇌하수체에서 자연적으로 생성되며 통증 완화 효과를 지닌 단백질의 통칭)이 만들어진다.

신체적 접촉이 수명을 연장시키며 병원을 찾는 횟수를 줄여준다는 것도 알아야 한다.

과학적으로나 생물학적으로도 스킨십은 반드시 필요하다는 것이 이미 증명되었으며 단순한 스킨십만으로도 신체적, 정신적 웰빙을 추구할 수 있다고 한다. 스킨십이 인간의 신체 내부 기관들의 작용을 활발히 도와 건강을 증진시킨다는 사실도 증명되었다.

메릴랜드 대학과 펜실베이니아 대학 의사들이 공동으로 조사한 연구 결과에 따르면, 혼수상태에 빠진 환자의 몸을 만지거나 손을 잡아주면 심장 박동 수가 변화하는 것이 관찰되었고, 심지어 온몸이 마비된 상태의 환자들도 스킨십을 하면 심장 혈관이 격렬한 반응을 보였다고 한다. 특히 사랑하는 사람과의 스킨십은 생명 연장도 가능하다고 한다.

스트레스는 만병의 근원이 되며 스트레스가 심하면 목숨까지 위험하다. 그런데 특히 남녀 간의 사랑에서 스트레스를 가장 많이 받는다고 한다.

한 번 태어난 인생 두 번 오지 않는다. 진정한 사랑도 두 번 오지 않는다. 그 시간 그 세월은 영원히 돌아오지 않는다. 삶을 지속하는 동안 열정적인 사랑을 나누며 건강과 행복을 만끽한다면 그 무엇이 부러울까?

진정한 사랑의 불꽃은 그 누구도 막을 수 없다. 사랑이 세상에서 가장 빛난 보석이 될 수 있도록 서로 노력한다면 고가의 명품 인생이 될 것이다.

인간 관계는 자연의 이치와 섭리

남녀는 자연의 이치와 섭리에 의해서 인연으로 만나게 되어 있다. 자신의 뜻과 의지와는 상관없이 우연의 일치로 연결된다.

남녀 간의 인연이란 이미 하늘에서 맺어준 관계이다. 남녀 관계는 자석처럼 극과 극, 음양의 조화로써 인연 또한 자연의 이치에 의해 맺어지며 이별 또한 같다.

남남처럼 살 때 서로 얼마나 피곤한가? 당장이라도 이별하고 싶지만 그 또한 맘대로 안 되는 것이 남녀 관계이다.

누굴 탓하기 전에 서로의 노력이 필요하다.

사랑이란

사랑은 나이와 무관하다.
사랑은 아름답고 고귀한 생명의 꽃이기에….
진정한 사랑은 목숨 걸고 불타는 열정을 다해야 한다.
그런 사랑을 누가 지켜야 하나?
바로 본인이 지켜야 한다.
사랑의 상처에는 처방도 없다.
사랑의 묘약은 사랑밖에 없다.

다른 인간 관계와 다르게 남녀 관계는 유치하지 않으면 아름다운 사랑이 만들어질 수 없다. 유치하면 유치할수록 애정의 강도는 높아진다. 그것이 남녀 관계이다. 나이를 먹어도 마음은 언제나 소년, 소녀 같기에 그런 현상이 일어나는 것이다.

남녀 간에 일어나는 문제는 사소한 것에서부터 시작한다. 오히려 큰일 앞에서는 서로를 더욱 이해하며 폭넓은 마음으로 감싸 안는다.

시간을 헛되이 보내지 말고 좋은 추억을 하나하나 쌓아가며 공유하는 시간을 많이 만들어라. 세월이 흐른 뒤, 서로에게 진한 추억의 한 페이지가 될 수 있도록 인연이 다하는 그 날까지 삶에서 가장 행복한 시간을 보내는 것이 현명하다.

남녀 관계는 노력과 배려

남녀 관계는 서로의 초점을 맞추어 나아가는 것임을 명심하기 바란다.

다툼은 한 사람에 의해 발생하지 않는다. 각자 상대방에게 바라는 욕심이 생기기 때문에 일어나는 현상이다. 상대방에 대한 배려, 말은 쉽지만 행동으로 옮기기까지는 어려운 법이다.

'모든 것은 내 탓이다!'

상대를 원망하기보다는 자신의 부족한 면을 먼저 살펴보는 지혜가 필요하다. 모든 것은 자신의 부족에서 온다고 생각하면 어려운 문제도 쉽게 해결할 수 있다.

자신은 상대에게 최선을 다했다고 착각한다. 그러나 그 자체가 어리석은 생각이요. 오만이다. 세상을 살면서 '내가 항상 부족했구나' 생각하며 사고를 개선해야 하다.

본인은 최선을 다했는데 왜 상대방 기분이 상한 걸까?

이 점을 깊이 고찰할 필요가 있다. 물론 사람은 완벽한 삶을 살아갈 수 없다. 그것이 인생이다.

본인이 발전적인 마음의 변화를 가지며 행동으로 실천하면 시간은 좀 걸리겠지만 상대도 변해 가는 모습을 느끼게 된다. 최선의 노력을 필요로 하니 무조건 안 된다는 사고는 버릴 것이며, 노력해서 안 되는 것은 없다.

여러분은 이 책을 읽고 상대를 파악할 수 있는 힘을 기르려는 노력 또한 열심히 해야 한다. 그래야만 가정의 평화와 안정을 찾을 수 있다. 가정의 평화가 제일 우선이다. 가화만사성이다. 가정에 평화가 있어야 사회에서도 대접받고 하는 일도 잘 풀린다.

성격 차이만 해결되어도 경제적인 면을 이겨낼 수 있고 배우자의 부정도 막을 수 있다.

특히 40~50대, 이혼은 하지 않았지만 무늬만 부부이지 한 가족이라고 할 수 없는 포장만 가족에 불과할 뿐….

그리고 황혼 이혼도 늘어나는 추세이고 싱글족도 많이 늘어나는 추세이다. 참으로 안타까운 현실이다.

고집과 아집이 가장 문제점인 것 같다. 특히 남녀 관계에서 고집, 아집, 자존심, 자격지심을 내세우면 안 된다. 다른 인간 관계와 다르게 한 몸체가 되기 때문이다.

함수 관계가 들어가면 안 된다. 진정한 사랑 앞에서는 무엇이든지 서로에게 다 줄 수 있어야 한다. 그것이 진정 사랑이다. 그리고 사랑은 순수해야 한다.

유리알 같은 맑은 샘물 같아야 하고….

사랑에 환경과 배경이 끼어들면 그것은 진정한 사랑이 아니다.

진정한 사랑은 그 어떠한 고난이 닥쳐도 둘이서 헤쳐 나갈 수 있는 힘이 있다.

만약 조건부로 만남을 가졌다면 그때부터 모든 것은 어려워진다. 하지만 그래도 해결 방법은 있다. 조건 만남이든 사랑의 만남이든 자연의 이치로 맺어진 인연이라는 공통점이 있기 때문이다.

누굴 원망해서도 안 된다. 남녀 관계란 만남의 중요성에 있는 것이 아니라 어떻게 하면 서로에게 고통과 아픔을 주지 않고 좋은 만남으로 이끌어 가느냐에 초점을 맞추어야 한다.

남녀 관계는 한 몸 = 부부 일심동체

한 몸이란 것을 잊어서는 안 된다.

상대가 아프면 내가 아픔을 겪는 것처럼 고통을 느껴야 하고, 상대가 힘들어하면 자신 역시 그런 감정을 느껴야 한다.

왜?

다른 인간 관계와 다르기 때문이다.

남남끼리 만났지만 둘은 하나 즉, 일심동체이기 때문이다. 그래서 무촌이라고도 한다. 숫자로 표현하면 영(0)이다. 영은 아무것도 없는 것을 뜻한다.

그러면 어떻게 해야 하나?

마음을 완전히 비워야 한다. 그리고 서로 투명하게 보여줘야 한다. 영이 들어가서 계산하는 방법은 여러 가지가 있다.

가장 쉬운 계산법이 곱셈이다. 어려운 선택을 하면서 머리 복잡하게 살아갈 필요 없다.

'=(같다)'가 되어서 영만 남는 것이 남녀 관계이다.

부부가 꼭 지켜야 할 사항

1. 아침저녁으로 아무리 바빠도, 아니면 다투었을지라도 출퇴근 시간에 꼬~옥 가벼운 뽀뽀로 인사하기.
2. 자주 스킨십 하기. 부부는 무촌이라 자주 스킨십을 하지 않으면 멀어지게 되어 있다.
3. 한 침대에서 함께 자기

위 세 가지는 철칙으로 약속을 하고 만약 어기면 거액의 벌금형을 제시해 놓는 것도 좋은 방법 중 하나이다.

노부부 이야기

 필자는 어느 봄날 산책을 하면서 세상에서 가장 아름다운 모습을 보았다. 그 무엇에 비유할 수 없을 만큼 아름다움 그 자체였다. 감동까지 받으며 눈시울이 붉어지면서 한참을 서서 지켜보았다. 그런 아름다운 광경을 어디서 볼 수 있을까 해서….

 어느 노부부의 모습이었다. 두 분 다 백발로 얼굴에서 환한 미소와 평온함을 보았다.

 휠체어에 포근한 담요를 덮고 곱게 앉아 계신 할머니 뒤로 할아버지는 휠체어를 조심조심 밀어주면서 다정하게 대화를 나누셨는데 그 모습에서 그동안 두 분이 쌓아온 사랑을 엿볼 수 있어 가슴이 뭉클했다.

 한참을 멍하니 보고 있는데 뭔가가 불편하셨는지 할머니가 애기처럼 짜증을 내자 할아버지가 바로 할머니 앞으로 다가앉으시면서 눈을 마주 보고 미소를 지그시 지으며 "여보! 어디가 불편해요?"라고 물으셨다.

 할머니께서도 환한 미소로 "여보! 당신이 뒤에서 말을 하니 얼굴이 보고 싶어 괜히 응석 부렸어요" 하시는 거였다. 그것을 보고 또 한 번 가슴 찡함을 느꼈다.

역시 사랑이란 감정은 나이와는 전혀 무관하다.

남녀 관계에서는 종고낙지(부부간 금슬이 좋아 서로 사랑하고 지냄)보다 부러울 것이 없다고 생각한다.

홀로 계신 부모님께 효도한다고 비싼 비행기표 마련해서 외국여행을 시켜 드리는 것이 효는 아니다.

자식들은 모른다. 백 살이 넘어도 자식은 자식이다.

인생의 동반자인 부부간이 알 수 있다.

남녀 관계인 부부가 일심동체로 변하는 것은 자연의 이치 때문이다.

핏줄인 자식들에게도 보여줄 수 없는 부분까지도 즉, 부부간에는 몸을 맡겨도 창피하지 않으며 어색함 없이 목욕을 하고 속옷을 갈아입혀 주어도 불편함을 느끼지 않는다.

자식들이 성장해서 어른이 되고 또 자식을 낳아도 부모님 앞에서는 다시 어린아이 같은 맘이 된다.

역지사지가 되어도 모르는 것이 사람 마음이다. 부모의 마음을 자식이 어찌 알겠는가?

홀로 계신 어머니께서 남편의 사진첩을 꺼내놓고 사진을 어루만지면서 눈물을 흘리신다. 미운 정 고운 정 들면서 살아온 세월이 담겨 있기에 아쉬움을 달래며 소리 없이 눈물을 흘리신다.

피를 나눈 형제도 모른다. 부부 생활은 부부 둘만이 안다. 그러니 얼마나 소중한 관계인가.

그 무엇과도 바꿀 수 없는 것이 부부, 남녀 관계이다.

그래서 옛말에 이런 말이 있다.

"금실이 좋은 부부가 같이 살다가 한 사람이 먼저 가면 곧 뒤따라간다."

그만큼 부부의 금실도 중요한 부분을 차지한다.

홀로 남아서 고생하는 한쪽을 생각하니 하늘도 감동하여 두 분을 저승에서도 함께할 수 있게 해주려고 그런 것 같다. 혼자 남은 사람은 후회와 괴로움, 외로움이 물밀듯 밀려든다. 그런 고통을 겪지 않으려면 서로 노력해서 다정하게 살다가 이승에서의 삶을 마감하는 것이 제일 큰 행복이 아닐까 싶다.

특히 남자는 혼자가 되면 불편한 점이 이만저만이 아니다. 그만큼 여자에게 고통을 주어서 그런 것이 아닐까 싶다. 간단한 속옷 빨래부터 시작해 의, 식, 주 모든 것이 문제다. 그러니 살아생전에 서로 사랑하고 아껴주면서 아름다운 삶을 살아야 한다. 주검을 보고 목 놓아 울어도 그때는 이미 아무 소용이 없다.

세상살이에 친구는 한두 명

내 속을 모두 보여줘도 마음이 편안하고 또한 내 속을 내 시경 보듯 다 아는 친구가 더도 말고 덜도 말고 두 명 정도 있다면 그 사람은 성공적인 삶을 산 사람이다.

세속적인 사람들은 돈과 명예를 꼽겠지만 그런 것들은 우선순위에 속하지도 않는다.

친구라 하더라도 술친구, 놀이 친구, 장난 친구는 다 소용없다. 그런 친구들이 많으면 많을수록 남녀 관계는 소홀히 하게 된다.

자신만 즐기려 하는 것은 이기적인 사람이다. 사랑하는 사람이나 가족에게는 무뚝뚝한 사람이 친구들 모임에는 열심히 쫓아다니면서 폼생폼사 하며 거기에 도취되어 혼자 기쁨을 누린다.

특히 요즘은 동문회, 동호회, 산악회, 네트워크 모임 등 이런저런 모임들이 많아서 주말에 가정을 버리고 삼삼오오 남녀노소 할 것 없이 관광버스 타고 다니며 술에 취해 행동하는 모습을 볼 때 가정의 혼란과 심각성은 더해 가고 나아가 사회적 문제까지 일으키는 요소가 되지 않을까 안타까움을 금할 길 없다.

그런 것들은 한순간의 쾌락에 불과하다. 그런 사람들은 시간이 지나면 지날수록 더욱더 외로움만 가득 밀려오고 결국은 후회만 남게 되어 있다. 현재는 즐거워 뒤돌아볼 여유가 없지만 시간이 흐르면 깨달을 것이다.

지금 그런 삶을 살고 있다면 반성의 시간을 가져 자신을 뒤돌아볼 필요성이 있다.

진정 필요할 때 모든 것을 주고 괴로우나 즐거우나 함께 웃어주고 울어주고 때론 가족보다도 더 편안한 친구가 있는지 생각해 보자.

친구가 힘들어할 때 그 가족까지도 책임질 수 있는 친구! 밥알 한 톨조차 나누어 먹으며 슬픔을 웃음으로 승화시킬 수 있는 친구!

이를테면 친구가 세상을 떠나도 친구의 부모님, 자녀들까지 내 가족처럼 챙겨주는 친구!

보통 금전, 명예, 탐욕으로 만난 친구는 조건이 허물어질 때 떠나게 되어 있다. 하지만 가슴속 뼈저리게 깊은 관계의 친구는 영원하다.

남녀 사랑 또한 마찬가지이다. 그런 친구는 남녀 관계에서도 최선을 다한다. 그런 사람은 친구들끼리만 즐기는 것이 아니라 커플이나, 부부 동반해서 함께 공유하며 즐기는 방법을 찾고 서로의 가정에 피해가 되지 않도록 한다.

그리고 그런 성격의 소유자는 쓸데없는 곳에 단 1분의 시간조차 낭비하지 않는다. 현명하고 지혜로운 사람들이다. 그런 친구가 단 한 명도 없는 사람은 인생을 헛되게 산 것이다.

취미란

　동호회나 서클, 클럽에서 취미가 같은 연인을 만나면 참 좋을 것 같은데 그 또한 마음대로 안 되는 것이 남녀 사이의 인연이다.
　만약 취미가 다르다면 서로 맞추려는 배려가 필요하다. 항상 상대방의 입장에서 생각하는 노력이 필요하다. 본인이 좋아하는 것만 고집하면 절대로 안 된다. 내가 좋아하는 것이 있다면 상대도 자기만의 취미가 있을 수 있다는 사실을 잊어서는 안 된다.
　이를테면 한쪽은 스포츠를 좋아하고 다른 한쪽은 컴퓨터를 좋아할 수 있다. 그러면 반대 효과가 나온다. 각자 자기 취미에 빠져서 따로 행동한다. 그러다 보면 공유할 수 있는 감정이나 일이 없어 시간이 흐르면 흐를수록 말이 없어지고 둘 사이의 관계는 소원해질 것이다.
　만약 그렇다면 해결 방법을 찾아서 서로 노력해야 한다. 싫다고 관심을 두지 않으면 안 된다.
　상대를 배려하는 마음이 세상에서 가장 아름답다. 그리고 상대의 마음을 움직이는 사람이 가장 현명한 사람이다.

나는 스포츠가 싫지만 상대가 좋아하면 어느 정도는 장단을 맞추어주고 프로그램을 통해서 언제 하는지 알려주고, 관심이 없더라도 같이 관람하고 상대에게 조금씩 질문해 가면서 알아가다 보면 상대는 기분이 좋아서 설명도 해주고 같이 공유해 준다는 것만으로도 매우 행복해할 것이다.

상대 또한 컴퓨터에 전혀 관심이 없을 수 있다. 하지만 재미있는 방법으로 유도하며 함께 공유할 수 있는 방법을 모색해야 한다. 이를테면 컴퓨터 화면을 통해 '당신, 여보, 사랑해'라는 메시지 전달이나 감동을 주는 편지 한 통을 써놓고 보라고 하는 등의 여러 가지 방법이 있다.

무엇이든지 온 마음, 온 힘을 기울여 노력하면 에너지는 무한정 나온다. 특히 남녀 관계는 더욱더 그러하다.

남녀 공통점

　어느 정도는 남녀 관계를 알 수 있는 책을 사서 공부해야 한다. 학문적인 학습만이 공부가 아니다. 진정 공부해야 하는 것이 남녀 관계이다.
　우리나라는 타 국가보다 남녀 문제에 관한 학습이 부족하기에 이혼율이 높다. 또한 성적 문란 사건도 많이 일어난다.
　힘들어도 상대를 먼저 생각하는 배려와 인간의 도리를 잘 이행하면 아름다운 남녀 관계가 형성될 것이다.
　이를테면 우리가 흔히 말하는 코드라는 것이 있다. 서로 코드가 맞아야 한다고 말한다. 남녀 코드는 음양의 조화라 맞추기 어려운 것 같지만 서로 노력해서 잘 맞추어 가면 그보다 좋은 것은 세상에 없다.
　전기에 비유하자면 플러스와 마이너스 관계이다. 전선이 끊어지면 우리는 하루도 살아갈 수 없다. 하지만 플러스와 마이너스를 잘 연결하면 어둡고 침침했던 세계를 빛의 광채로 환하게 만들 수 있다. 또한 전기는 다양한 방법으로 인간의 삶에 꼭 필요하다.

남녀 관계 또한 그만큼 중요하다. 코드가 전혀 맞지 않는 관계일지라도 끝까지 느력하면 노력의 대가는 있기 마련이다.

인성과 도덕, 윤리를 벗어난 삶은 인간이 아니라 생각 없는 동물에 불과하다.

필자는 가화만사성이란 말을 참 좋아한다. 가정의 화목이 나라의 평화도 가져오기 때문이다. 애국이라고 하면 좀 거창한 것 같지만 가정의 평화도 애국에 속한다.

핸드폰의 장단점

현시대에서 핸드폰은 장점과 단점이 극명하다.

핸드폰으로 남녀 관계가 좋아지는 부분도 있지만 역으로 멀어지는 경우도 상당수 존재한다.

⟨장점⟩

핸드폰을 잘 이용하면 그보다 편리한 것이 없다. 표현하기를 꺼리는 내성적인 성향을 가진 사람들에게 대단히 좋은 역할을 할 수 있다.

만약 다투고 나면 하루 종일 서로의 기분이 엉망일 것이다. 특히 다른 문제와 다르게 남녀 문제는 가장 스트레스를 많이 받는다. 쑥스러워서 마주 보고는 할 수 없는 말을 메시지로 전달할 수 있다. 미루지 말고 따뜻한 말 한마디 먼저 보내는 사람이 현명하고 슬기로운 사람이다.

누가 먼저 사과를 하느냐는 그리 중요하지 않다. 그런데도 먼저 사과하기를 꺼린다. 먼저 사과를 하면 지는 것 같기 때문일 것이다. 그러나 이것만은 알고 넘어가자. 화해의 시간이 지연될수록 스트레스 받는 시간도 길어진다는 것을.

　다툼은 이기적인 생각에서 나온다. 사랑에 대한 음악을 듣거나 가슴에 와 닿는 시를 읽고 잠시 명상에 잠기는 시간을 가져보면 알게 될 것이다. 그럼 마음이 동하게 된다.

　인간이 살면 얼마나 산다고 아옹다옹하는가? 후회만 남을 것이다.

　관용을 베풀며 무조건 본인의 생각이 짧았다고 이해와 용서를 바란다고 진심으로 사과하고, 상대의 마음을 돌릴 수 있는 사랑이 느껴지는 메시지를 보내면 본인 마음도 편해진다.

　사람의 마음은 참 간사하다.

　속이 부글거리고 화가 나도 따뜻한 사랑의 메시지 한 통에 마음이 봄눈 녹듯 녹는 것이 남녀 관계이다.

　답장은 기대하지 말고 그냥 보내야 한다. 기대는 또 실망을 안겨주므로 답장이 없을 땐 '아직도 화가 풀어지지 않았구나!' 생각하며 넓은 아량으로 마음을 비우고 또 비워야 본인 마음도 편해진다.

　답장이 없다고 해서 초조해하면 그 또한 스트레스이다. 참고 인내하며 기다려야 한다. 상처의 강도에 따라 상대의 마음의 문이 열릴 것이다. 상대의 기분이 풀어질 때까지 사랑의 메시지를 보내면 목석이 아닌 이상 풀어지게 되어 있다.

　그러나 통화는 피하는 것이 좋다. 통화하다 보면 싸움의 연장선으로 돌아갈 수도 있기 때문이다.

메시지 내용에는 진심 어린 반성을 담아 상대의 심금을 울려 마음이 동하게 만들어야 한다. 그러면 엉켜 있는 실타래는 조금씩 풀어지게 되어 있다.

화해한 후에는 지나간 과거 얘기는 더 이상 꺼내서는 안 된다.

〈단점〉

핸드폰 때문에 현시대는 서로의 신뢰성이 떨어지고 있다. '프라이버시'라 하여 연인이면서도 핸드폰을 오픈하지 않는데 그것은 잘못된 사고이다. 남녀 관계에서 가장 중요한 것이 신뢰인데 비밀이 있다면 문제는 여기에서부터 시작된다.

요즘 핸드폰 때문에 다투는 남녀가 급격히 늘어나고 있다. 또한 오해의 소지가 있는 스팸 문자도 많아서 연인 간에 문제를 발생시키기도 한다. 서로 사랑한다면 오픈해야 한다. 그것이 원칙이다.

또 다른 단점은 핸드폰으로 인한 대화의 단절이다.

분명히 한 곳에 앉아 있는데 각자의 핸드폰으로 게임을 하거나 다양한 방법으로 혼자 논다. 이것은 컴퓨터도 해당된다. 반드시 남녀가 서로 공유할 수 있는 것을 찾아야 한다.

화해 방법으로 이벤트 꾸미기

　남녀 관계는 돌아서면 남이지만 작은 다툼은 가끔 약이 되기도 한다. 그렇다 해도 다툼을 풀려면 서로 많은 노력을 기울여야 한다.
　산책하면서 화를 푸는 방법도 있다. 아무래도 자연과 함께 하면 조금은 마음의 여유가 생기고 너그러워질 것이다. 여행하면서 둘만의 시간을 가져보는 것도 좋은 방법 중 하나이다. 색다른 이벤트를 가져보는 것도 좋다. 이를테면 모텔을 이용하거나 애정영화를 관람하는 등, 평소에 해보지 못한 경험을 하면 색다른 기분을 느낄 수 있을 것이다.
　비 온 뒤에 땅이 굳어진다고 했다. 가슴속에 넣어두거나 쌓아두면 안 된다. 그것이 오래되면 암 같은 존재가 되어 버린다.
　남녀 관계에서도 대화는 정말 중요하다. 대화가 단절되면 서로 간에 흥미를 잃어간다.
　대부분의 사람들이 가장 싫어하는 것 중 하나가 타인과의 비교이다.

엄친아는 왜 그리 많은지, 옆집 남자는 어쩜 그리 잘나가는지, 옆집 여자는 어찌 그리 예쁜지….

절대 상대를 타인과 비교해서는 안 된다.

뒤처지면 낙오하는 경쟁의 시대, 하루하루의 삶에 지친 상대의 피로는 풀어주지 못할망정 비교하면서 불만을 토로한다면 대화는 단절될 수밖에 없다.

대화할 때는 그날의 분위기를 파악해 가며 대화하라.

사람은 저마다 타고난 성향이 다르기에 장점, 단점 또한 모두 다르다. 그러기에 타인과는 분명한 차이가 있다. 만약 자신이 비교하는 것을 즐긴다면 본인에게 문제가 있다는 것을 인정하고 반성하라. 그리고 자신도 그들만큼 조건을 갖추었는지 한 번 생각해 봐야 한다.

나는 외모나 학벌, 배경 등이 타인보다 좋은데 왜 상대에게 대우받지 못할까? 깊이 생각해서 본인의 잘못된 점, 단점을 찾아야 한다.

어디가 잘못되었고 어떤 문제점이 있는지 본인 스스로 파악해서 고쳐야 한다. 그리고 반성도 할 줄 알아야 한다. 그것이 발전의 원동력이 되어야 한다.

타고난 성향을 바꾸는 것은 말처럼 쉬운 일이 아니다. 부단한 노력을 요한다. 나쁜 습관은 인정하고 조금씩 조금씩 고쳐나가는 노력을 게을리하지 말아야 한다.

기러기 아빠에 대해서

요즘 자식 교육 문제로 유학 열풍이 불어 너 나 할 것 없이 외국으로 유학을 보낸다.

부모의 입방에서는 자식들에게 견문을 넓혀주고 싶은 마음에 그리 하겠지만 남이 하니까 '나도 해야지' 하는 마음으로 미래에 대한 분명한 계획도 없이 '일단 가보자'는 식으로 보내는 부모들이 많다.

그러나 남아 있을 남자를 생각해 보라. 그는 경제적 부담을 안아야 하고 홀로 의식주 문제를 해결하며 외로움에 몸부림칠 것이다.

자식만 생각하는 여자는 깊이 생각해 볼 문제이다.

왜 부부가 떨어져 살아야 하는지 이해할 수 없다. 그런 가정의 부부 관계는 이미 반 이상 깨졌다고 봐야 한다. 무늬만 부부이다.

부부 일심동체란 말이 왜 나왔는가? 부부는 하나의 몸체로 변화했기 때문이다.

아내들은 남편에 대해 잘 안다고 하지만 몰라도 한참 모른다. 특히 기러기 아빠를 만드는 여자분들… 남자 심리를 아는 분들이 그런 행동을 하는가?

남자를 기러기 아빠 만들고 치맛바람을 일으키려면 결혼할 생각일랑 하지 말기를 바란다. 자식들이 독립할 수 있는 나이가 되었을 때 외국에 나가 공부해도 늦지 않다. 본인 문제는 본인에게 맡겨야 한다. 그것이 가정교육에도 좋다.

부부의 애정 강도가 높을수록 자식들 가정교육에도 좋은 영향을 준다.

남녀 간의 질투

　살인도 범하는 것이 남녀 관계의 질투이다. 특히 여자보다 남자의 질투가 더욱 강하다.
　여자의 질투는 표현을 잘해서 강한 것처럼 보이지만 남자의 질투는 겉으로 드러나지 않을 뿐 강도는 훨씬 세다. 그래서 살인을 범하기도 한다.
　살인사건에서 치정 문제가 차지하는 비율이 높은 편이다. 치정 문제는 사람을 순식간에 범죄자로 만든다. 자살도 쉽게 생각하게 만든다. 그런 환경을 만들어서는 안 된다.
　남녀 관계에서는 도를 벗어나는 행동을 삼가야 하고 어린 아이들이 불장난하듯이 해서는 안 된다. 한 사람의 인생이 달려 있는 문제이다. 깊이 있는 고찰이 필요하다.

비뚤어진 성격

　뭔가 상대보다 부족하면 성격이 많이 비뚤어지는 경향이 나타난다. 그 또한 심리적인 병이라 할 수 있으니 상담을 받고 고쳐야 한다.
　진정 덕망을 쌓는 것과 인성이 반듯한 것은 학력과 무관하며 선비 같은 마음을 가진 자는 도를 닦고 깨우친 사람처럼 자신을 알기에 남에게 상처 되는 행동을 하지 않는다.
　부족함이 많은 사람일수록 자격지심, 자존심이 강해 상대방에게 안하무인처럼 행동한다. 채워지지 않은 부분이 있으므로 밖으로 표출하면서 그런 행위를 한다. 탐욕이 강한 사람일수록 더욱 그렇다. 욕구가 충족되지 않은 사람들이다. 속으로는 남과 비교하면서 겉으론 속내를 내보이지 않으면서 그런 행위를 한다.
　그렇게 살아가는 본인도 피곤할 것이다. 차라리 자신감을 가지고 노력하는 것이 현명하다. 그런 불만을 토로하며 상대방을 피곤하게 해서도 안 된다. 그것을 꼭 명심해야 한다.
　그런 행동은 부모님도 감당하기 매우 힘든데 하물며 남녀 관계는 무촌이라 감당하기 더욱더 어렵다. 그럴수록 자신을 고찰하면서 성격을 개조해야 한다.

젊은 남녀의 사랑 꽃 피우기

　도시락으로 정성껏 김밥을 만들어 회사 찾아가기.
　풀밭에 앉아서 도란도란 이야기하며 소박한 추억을 만드는 것도 아름다운 모습이다. 꼭 고급 외제차를 타고 드라이브를 해야 좋은 추억을 만드는 것은 아니라고 생각한다. 소박함 속의 추억은 오래 남으며 향기 또한 오래 간다.
　화려한 네온사인 거리를 누비며 비싼 술집을 전전하고 과다한 지출을 하는 그 순간은 행복할지 몰라도 순수성이 떨어지기에 만약 다툼이 있어 약간의 별거 기간이 와도 서로를 떠올릴 수 있는 추억거리가 생각나지 않는다.
　소박함에서 오는 추억이 진정한 추억이다. 그런 기억은 오래 남는다. 머릿속에서 지우기가 매우 힘들다.
　그리고 남들이 다 하는 행위는 하지 않는 것이 좋다.
　둘만의 특별한 색다른 추억을 쌓아야 한다. 그래야만 영원히 잊히지 않는다. 그래서 첫사랑은 남자에게 있어 가장 중요하다고 한다. 순수함이 묻어 있기에….
　순수함의 추억은 세월이 흘러도 잊히기 어렵다. 특히 힘들

때 배려와 헌신을 아끼지 않으면 영원히 지울 수 없다. 진정한 사랑은 상대방도 알아차린다.

추억을 하나하나 만들어 나가면 추억이 많아서라도 그 추억 때문에 헤어지기 어렵다. 늘 그리워하고 아쉬워하게 된다. 그러나 추억이 없으면 감정이 메말라 헤어져도 기억조차 나지 않는다.

행복이란

큰 기대 때문이다.
기대가 크면 행복할 사람은 아무도 없다.
세상 것에 100% 만족이란 있을 수 없다.
인간에게는 공통적인 욕심 세 가지가 있다.
돈, 건강, 자식 문제이다.
돈이 많은 사람은 더 많은 돈을 욕심내고, 적은 사람은 적은 돈 때문에 욕심을 낸다. 건강이 좋지 못하면 건강 때문에 걱정이고, 자식이 잘나도 못나도 걱정이다. 이것이 모두 다 욕심이다.
그리고 남녀도 공통점이 있다. 여자이기 때문에, 남자이기 때문에, 속이 넓고 아량이 넓은 사람이라고 해서 결코 다르지 않다.
속된 말로 여자는 속이 좁아서 수염이 나지 않는다고 하는데 그것은 헛말이라고 생각한다.
제각기 저마다 타고난 성향의 문제이다. 입이 가볍고 무거운 것도 마찬가지이다. 탐욕을 버리면 행복은 저절로 찾아온다. 탐욕 때문에 행복을 모르고 살아간다. 안타까운 현실이다.

　행복은 멀리 있는 것이 아니라 본인의 머릿속 즉, 뇌 속에 있다. 단지 깨닫지 못할 뿐이다.

남자를 성공시키는 여자

삶을 정직하게 살아가는 사람은 항상 여유가 있으며 언제 어디서나 당당하며 자유롭고 두려움이 없다.

그러나 부정의 목적을 가지고 있는 사람은 떳떳하지 못하여 자신감이 없다. 탄탄대로의 길을 갈 수 있는데도 가시밭길을 선택하여 삶은 더욱 꼬일 것이다.

본인 스스로는 똑똑하다고 생각하지만 상대는 더 높은 곳에서 상대를 꿰뚫어보고 있다. 단지 모른 척할 뿐이다.

여유가 있는 사람은 마음이 넉넉하다. 여유와 넉넉한 마음을 가지고 있다면 일단 성공은 반 이상 이루어진다고 보면 된다.

남자를 성공시킬 줄 아는 여자는 먼저 슬기와 지혜를 가지고 있으며 내 남자보다 생각이나 모든 면에 한 수 위에 있다. 그러기에 남자의 재능을 발견할 수 있다.

그렇다면 가장 중요한 것은 무엇인가? 바로 실천을 해야 한다는 것이다. 실천에 옮기지 않으면 아무런 의미가 없다.

내 남자를 안다고 해서 무시하거나 존중하지 않고 기를 죽이면 남자는 절대로 성공하지 못한다.

그 다음은 내 남자가 다른 누구보다 더 발달된 점과 좋아하는 일을 적극적으로 밀어주고 용기와 힘을 실어주어야 한다.

만약 내 남자가 경제적으로 어려움에 처한다면 내 남자를 위해서 경제적인 면에서도 도움을 줘야 한다.

그렇게 내 남자를 키워주면 남자는 여자보다 몇 배의 능률을 발휘하기 때문에 경제적으로나 여러 가지 면에서 뒷바라지한 만큼 효과를 볼 수 있다.

그러면 수많은 사람들이 존경할 것이다.

남녀는 일심동체라 내 남자가 잘되면 당연히 본인도 높은 대접을 받고 남들이 우러러 보는 그런 아름다운 한 쌍이 될 것이다.

섹스는 예술이다

이것은 매우 중요한 부분이라 강조해야 하기에 자세한 설명을 보충한다.

남녀를 자연에 비유하면 남자는 양이고 여자는 음이다.

여자는 음이기에 감추고 움츠러들고 숨기고 솔직하지 못하고 부끄러워하고 창피하게 생각하고 밖으로 드러내는 것을 원하지 않는다. 또한 밖으로 드러내는 것을 두려워하고 자신감 또한 없다.

하지만 남자는 양의 기운을 가지고 있기에 습한 음지를 알고 싶어 하고 궁금해하고 매우 강한 호기심을 가지고 있다.

사람은 누구나 호기심이 생기면 그것에 대해 알고자 한다. 남자들은 양의 기운 때문에 여자들에 대한 호기심이 상당히 강해 삶의 관심을 거기에 대부분 쏟아붓는다고 해도 과언이 아니다.

남자는 섹시한 여성을 보면 수단과 방법을 가리지 않고 원하고 갈망한다. 현실적인 면도 상실해 버리고 순간의 쾌락을 위하여 물불을 가리지 않는다. 일단 저지르고 본다. 뒷일은 나중이라고 생각한다. 그만큼 남자는 여성의 음밀한 곳에 관하여 알고 싶어 한다.

숫자를 가리지 않고 섹시하게 보이는 여성에게는 무조건 호기심을 갖는다. 그래서 남자는 열 여자 마다하지 않는다.

남자는 여러 여자와 경험하는 것을 즐긴다. 사람마다 얼굴이 다르듯이 생식기 구조도 제각각 다르기 때문에 '이 여자는 어떨까? 저 여자는 어떨까?' 하는 궁금증 때문에 새로운 것에 도전하려고 한다.

그리고 남자는 자신의 여자한테 하지 못한 행위를 다른 곳에 가서 진한 농도로 하고 싶어 한다. 그러면서 아주 강한 희열을 느낀다. 그렇기 때문에 바람을 피우는 것이다.

때로는 매일 먹는 밥 대신 뭔가 색다른 음식을 찾는 이치와 같다고 생각하면 좋을 듯하다. 그렇다면 매일 매일 김치찌개, 된장찌개를 끓여주면 될까?

이와 같은 것도 좋지만 평소 잘 먹어보지 않았던 색다른 메뉴를 해줄 때도 있어야 한다는 것이다. 그러기 위해서는 여자들이 무한정 노력해야 한다.

내 남자는 내가 지켜야 한다. 내 남자를 지키지 못한 여자는 현명하거나 슬기롭지 못한 여성이다.

1. 섹스는 아름다운 예술이라고 생각해야 한다.

2. 절대로 창피하다고 생각하면 안 된다.
3. 동물적인 것에 비유하면서 남자를 무시하면 안 된다.
4. 남자를 진정 사랑한다면 남자가 원하는 행위에 맞춰줘야 한다.
5. 섹스에 관한 책을 보고 공부해야 한다.
6. 자신을 섹시하게 가꾸어야 한다.
7. 몸매만 가꾸는 것이 아니라 생식기 수축하는 방법도 터득해야 한다.
8. 여러 체위에 관하여 연구하고 노력해야 한다.
9. 남녀 사이에 많은 대화가 필요하다.
10. 서로 원하는 것을 솔직하게 표현해야 한다.

여자는 절대로 꽃뱀이 아니다

여자는 대단히 현실적이다. 현실적인 면이 있기에 섹스에 궁합이 맞아도 시간이 지나면 금전이나 선물을 바란다.

능력 없는 남자는 어느 순간 포기해 버린다. 능력이 없는 남자에게서는 매력을 느끼지 못하므로 능력이 있는 다른 사람을 찾게 된다. 남자가 물질적으로 풍족하게 해주면 여자는 헤어지자고 해도 절대르 그 남자를 포기하지 않는다.

여자는 남자가 바람을 피워도 물질적인 면만 해결되면 포기하지 않는다.

그것이 여자이다. 여자의 마음을 사로잡으려면 물질 공세가 최고이다. 아무리 잘나가는 여자라도 물질적인 것을 해결해 주면 절대로 남자를 포기하지 않는다.

여자는 물질적인 면에 아주 약하다. 그러기에 돈을 벌기 위해서는 아무리 학식이 높고 지적인 면을 갖추었다고 해도 몸을 함부로 던지는 것이다.

그래서 아름다운 여자들이 잘나가는 요정, 술집에 종사하며 정치인들과 정사를 나누는 것이다.

대부에게 접대하는 것을 자연스럽게 받아들이는 것도 다 그런 이유 때문이다.

심지어 도우미들도 돈만 되면 몇 만 원에도 옷을 벗고 남자들이 원하는 행위를 다 받아들인다. 그러기에 남자는 돈만 있으면 여자를 맘대로 가질 수 있다고 생각하고 함부로 행동한다.

돈만 준다면 가정을 가진 유부녀도 남편 몰래 바람을 피운다. 그 정도로 여자는 현실적이다. 그러나 남자가 섹스에만 관심을 두면 여자는 어느 순간 실망하게 되고 서서히 남자로부터 돌아선다. 그리고 헤어져도 미련을 갖지 않는다.

여자는 남자가 물질적으로 풍족하게 해주면 하라는 대로 다 한다. 이 또한 자연의 이치요, 섭리이다. 남자는 명예를 중요시하지만 여자는 명예보다는 물질을 더 중요시한다. 물질에 만족하면 다른 것은 신경 쓰지 않고 풍요로운 삶을 즐긴다.

그리고 남자가 물질적인 면에 만족감을 주면 다른 것은 신경 쓰지 않고 오로지 그 남자만을 위해 최선을 다한다. 특히 모성애가 있기에 더욱더 잘한다. 그것이 여자이다.

여자를 존중하는 것은
남자에게 성공의 지름길

여자를 존중하는 남자는 돈 버는 방법을 안다. 그것은 자연의 이치요, 섭리이다. 여자를 잘 다루는 남자는 돈도 잘 다루기에 그런 현상이 일어난다.

반면 여자를 잘 다루지 못하는 남자는 돈 버는 방법도 잘 모른다.

여자가 따르면 돈이 들어오는 시기라고 생각하면 된다. 그러나 여자 관리를 잘 못하면 들어오는 복과 좋은 기회도 놓칠 수 있으니 유념해야 한다. 그래서 금전 때문에 고생을 한다.

융통성이 없거나 고집이 있기에 좋은 시기가 와도 놓치는 것이다. 그래서 가난에서 헤어나지 못한다.

자신의 성향에 문제가 있다고 생각하면 된다. 조용히 고찰해 보면 답이 나올 것이다.

'좋은 기회를 내가 왜 놓쳤을까?'

그 방법을 찾지 못하면 그 사람은 사회생활에 부족한 성향을 가지고 있으며 센스 또한 무딘 편이라고 보면 된다.

  만약 필자의 말을 무시하거나 본인 잘난 맛에 야유하거나 비난을 생각하는 사람은 가시밭길을 계속 선택해서 걸어갈 것이다. 탄탄대로의 길을 찾지 못하고 험한 세상을 돌아서 결국은 난감한 일을 당하고 말 것이다.

  그때는 이미 늦었다. 지금이라도 긍정적인 마인드로 내 자신을 찾아야 한다.

  나이는 숫자에 불과하다. 일이 있으면 건강도 좋아지고 삶의 활력도 생기고 생명의 연장도 누릴 수 있다.

  나이를 무시해야 한다. '이 나이에 내가 어떻게 그런 일을 할 수 있겠어', '과연 내가 그 일을 할 수 있을까?'라며 망설이면 안 된다.

  과거에 좋은 직장을 다녔다고 과거에서 벗어나지 못하면 발전이 없다. 과거는 과거일 뿐 과거에 집착해서는 안 된다. 과거에 높은 위치에 있었다면 오히려 그것을 더 개발시킬 수 있는 일을 찾아보고 만약 그것이 여의찮다면 자격증을 취득해서 새로운 일을 도전해 보는 것도 좋은 방법이다. 여자는 부지런한 남자를 사랑하고 남자의 발전하는 모습에서 남성성을 느낀다.

  여자를 다루지 못하는 남자는 결국 여자 잃고 돈도 바닥이 난다. 그것은 100%다. 여자 없이 홀로 사는 남자를 보면 대부분 무능력자나 어딘가 문제가 상당히 많은 자다.

그나마 싫든 좋든 각방을 쓰면서 이혼을 하지 않고 가정이란 테두리를 가지고 있는 자는 월급쟁이라도 하고 있다.

하지만 이혼을 하고 혼자된 남자는 발전 없이 고생의 길이 연속이다.

남자는 여자와 돈에 관련을 가지고 있는 연결고리로 태어났기 때문이다. 그것이 자연의 이치, 섭리로 인해 그런 현상이 일어난다.

여자를 무시하는 남자는 돈과는 거리가 멀다고 보면 된다. 심지어 언어폭력과 구타를 하는 남자는 돈하고 완전히 거리가 멀고 결국은 가난에서 벗어나지 못하고 심지어 노숙까지 하게 된다.

금실이 좋은 부부는 절대로 가난하지 않다. 해서 필자는 고장난명(孤掌難鳴)이란 사자성어를 가장 좋아한다.

가정은 지상 최대의 보금자리

세상에서 최대 낙원은 가정이다.

종교인들은 하나님을 믿으면 낙원이라고 표현한다. 하지만 가정보다 더 좋은 낙원은 없다.

행복, 성찬(盛饌), 의·식·주, 모두 것을 해결할 수 있는 공간은 나의 가정이란 보금자리이다.

남의 집이 아무리 아름답고 화려해도 내 가정만큼 편하지 않다. 그런 지인의 집에서 하루만 생활해도 역시 내 가정이 가장 편안하다고 느낄 것이다.

그만큼 내 보금자리는 천국이요, 낙원이다.

그 보금자리를 지키기 위해서는 남녀 모두 많은 노력이 필요하다. 한 사람만 노력해서는 절대로 안 된다. 남녀는 일심동체라 항상 같이 노력해야 한다.

한 몸이나 다름없기에 비록 몸은 떨어져 있어도 자신의 반쪽이라고 생각해야 한다.

예를 들어, 여행을 하고 집에 돌아왔다. 집에 들어서자마자 대부분 "내 집이 최고야!"라는 감탄사가 절로 나온다. 뭐니 뭐니 해도 그곳이 바로 천국이기 때문이다.

여행의 즐거움은 잠시뿐이다. 오죽하면 '집 나가면 고생한다'는 표현이 있겠는가. 집 평수와 상관없이 자신의 집만큼 편안하고 안전한 곳은 어디를 가도 찾아볼 수 없다. 나의 가정이 보금자리이다.

혼자 즐기는 것은 깨진 그릇(가정)이다

가장 어리석은 사람은 혼자 즐기며 혼자 폼 잡고 다니는 사람으로 내면을 들여다보면 겉모습과 달리 외로운 사람이다.

외로움을 달래기 위해 그러한 행동을 하고 다닌다. 성격을 고치지 않고 계속 혼자 즐기는 방법을 찾아 헤매면 평생 외로움과 고독에서 헤어나지 못한다. 가슴속에 열정이 불타도 해결할 수 없다. 왜냐하면 그런 사람들은 이기적이고 본인밖에 모르기 때문이다.

자신에 대해 깊이 생각해 보면 답이 나올 것이다. 이기적인 성향을 가지고 있다는 사실을….

그런데 만약 그것조차 느끼지 못한다면 자신에 대해 몰라도 너무 모른다고 할 수 있다. 한마디로 어리석은 사람이라고 할 수 있다.

제 잘난 맛에 살기에 평생 외로움에서 벗어나지 못한다. 그리고 좋은 여자가 나타나도 제대로 다루지 못해 돌아서고

나서 후회한다.

시간이 지나면 그로 인해 가슴앓이도 한다. 후회하지만 이미 상대는 마음이 떠났기에 돌아오지 않는다. 어쩌면 다른 상대를 찾아 떠났을 수도 있다.

그런데 돈도 계속 따라주지 않는다.

기회는 자주 오지 않는다. 기회가 오면 꽉 잡고 놓치지 말아야 한다. 다시 말해 최선을 다해야 한다. 기회는 자주 오지 않는다.

교만을 떨치고 돈을 벌어야 한다. 그래야 현명한 사람이다. 돈과 여자는 타임을 잘 맞추어야 한다. 그런 기회가 오면 최선을 다해야 성공한다.

능력이 없으면 가정도 깨진다. 그것은 당연한 이치다.

현실적으로 어려우면 서로 다툼의 연속이 되면서 싸울 수밖에 없기에 어쩔 수 없다. 서로를 무시하며 싸우는 시간이 연속되면 서로에 대한 신뢰에 금이 가게 된다.

그러다 보면 어느새 사랑이란 단어와는 거리가 멀어지게 되고 가정도 깨지게 되어 있다.

한 집에 살아도 몸 따로 마음 따로이니 남이나 다를 바 없는 생활을 하게 된다. 그리고 각자 외로움에 허덕인다.

그렇게 살다 보면 스트레스를 받게 되고 서로에게 상처만 남긴다.

위와 같은 성격의 소유자는 스스로 반성하고 먼저 손을 내

밀어야 한다. 그리고 무엇이든지 부부가 함께 공유할 수 있는 길을 찾고 노력해야 한다. 모든 것은 내 탓이다.

두 사람 모두에게 문제가 있기에 그런 현상이 일어난다. 한 사람이라도 현명하고 마음의 여유가 있다면 그런 가정이 되지 않는다.

필자가 강조하고 싶은 점은 '내 자신이 변해야 한다'는 것이다.

사랑은 받는 것이 아니고 주는 것이다

무조건 사랑을 받으려고 하는 것부터가 잘못된 사랑의 시작이라 할 수 있다. 사랑이란 조건 없이 베풀어야 한다. 계산적이어서는 사랑을 할 수 없다.

사랑하는 사람의 모든 것을 감수해야만 한다. 아무리 어려운 일일지라도 감싸 안아주어야 한다.

'상대는 나에게 베풀지 않는데 나만 헌신하면 무엇 하리오!'

이러한 생각은 필히 버려야 한다.

내가 선택한 사람이기에 그리고 사랑해서 만난 사람이기에 오히려 어려운 일이 닥치면 더욱더 최선을 다해야 한다. 그래야만 먼 훗날 후회를 하지 않는다.

원 없이 사랑하고 베풀면 훗날 사랑하는 사람과 헤어지게 되더라도 후회와 미련이 남지 않는다.

하지만 사랑을 받기만 하는 사람은 고통과 괴로움 속에서 벗어나기 힘들며 언젠가는 그 업을 다 받게 된다. 그것이 인과응보이다.

　사랑을 받기만 할 것인가 아니면 사랑을 베풀며 나누는 삶을 살 것인가.

　슬기롭고 지혜로운 사람은 어느 것을 선택해야 하는지 잘 안다. 그러나 지혜가 부족한 사람은 자신이 세상에서 가장 잘난 사람이라고 착각하므로 결국에는 당하고 만다.

　어리석은 사람은 자신이 바보란 사실을 모르기 때문에 온갖 폼을 잡으며 살아간다. 게다가 큰소리까지 치면서 잘난 척은 혼자 다한다. 세상에서 가장 못난 사람 중의 한 사람이다.

　이 글을 읽고 자신이 어리석은 바보에 해당하는지 한번 정도 생각해 볼 필요가 있다.

　사랑을 받을 때도 행복하지만 자신이 모든 조건이 되어서 사랑을 베풀 때의 그 기쁨은 아마도 두 배가 될 것이다.

　사랑을 받는 자는 순간은 좋을지 모르지만 속으론 자존심도 상하고 자신한테 화도 생길 것이다. 진정한 사랑을 받을 때는 이러한 현상이 일어난다.

　하지만 머릿속으로 계산을 하면서 상대에게 베풀면 상대는 그것을 알기에 아무리 베풀어도 그것을 역이용한다. 그리고 상대방을 망가트린다.

　진실은 언젠가는 통하게 되어 있다.

　아무리 인간관계에서 상대방을 파악하지 못해도 진실 앞

에서는 시간이 지나면 고개 숙이게 되어 있다.

진실은 하늘도 감동시킨다. 사랑하는 사람이 치유되기 힘든 병에 걸렸는데 온갖 정성을 다 기울여 간호를 하니 마침내 회복하여 의사들도 믿기 어려운 일이라며 놀라는 사연을 매스컴을 통해 간간이 접하기도 한다. 그만큼 사랑의 힘은 위대하다.

병든 아내를 위해 몸에 좋다는 약초를 구해 헌신적으로 간호한 남편의 지극한 사랑에 하늘도 감동하여 기적적인 현상이 아내의 몸에서 일어났다.

남남이었던 남자와 여자가 만나 한 몸이 되었으면 그 정도의 헌신이 뒤따라야 한다. 그것이 진정한 사랑이요, 남녀 일심동체라고 말할 수 있다.

온갖 정성을 다했는데 기적이 일어난다면 그 희열은 이루 말할 수 없을 것이다.

사랑은 받는 것도 좋지만 주는 사랑의 기쁨은 두 배일 것이다. 누가 먼저라 할 것 없이 사랑은 주는 것이 아름답고 훗날에도 후회하지 않는다.

사랑에는 인내가 필요하다

사랑에는 인내가 필수이다.

그렇다고 인격 형성이 덜 된 사람에게까지 반드시 인내할 필요는 없다. 사고가 올바르고 현명한 사람이라고 생각했을 때를 가정하고 말하는 것이다.

사랑하는 사람에게 속내를 보이지 않기에 고민이 있는지 없는지 알 수 없다. 열 길 물속은 알아도 한 길 사람의 속은 알 수 없기에 지켜보면서 상대방에 대한 고찰을 하면서 단점은 보이지 마라. 정녕 사랑한다면 속이 상하는 일이 있어도 지켜보고 이해하며 기다리는 방법도 최선 중의 하나이다.

사람은 누구나 어려움에 처할 때는 혼자 조용히 지내고 싶어 한다. 사람들은 이것을 자존심이라고 하는데 자격지심 때문에 숨고 싶은 것이 사람의 심리이다.

그런데 그것을 알려고 하거나 캐려고 하면 상대방은 더욱더 상대를 멀리한다. 그럴 때는 마음을 편안하게 해주고 조용히 생각할 여유와 시간을 줘야 한다.

또한 상대의 자존심 즉, 자격지심을 건드리지 말아야 한다. 어쩌면 자존심보다 자격지심이 더욱더 클 수 있다. 자존심보다 자격지심을 건드리면 그것은 최악이다. 오히려 말없이 뒷받침해 주면 금상첨화다.

사람은 때론 알아도 모른 척해야 할 때가 있다. 그러나 진짜 모를 때는 정말 많이 답답할 것이다.

상대방을 사랑하는데 상대방의 마음을 몰라서 어떻게 해줘야 하는지 오히려 좌불안석이다.

그럴 땐 한마디 정도 부드럽게 질문하는 것도 좋다. 질문을 하면 상대방은 대충 이야기를 하게 된다. 상대방이 이야기를 하면 진실성 있게 받아들이고 도움을 줄 수 있으면 말없이 행동해야 한다. 도움이 안 되면 미안하다고 사과하고 인내하며 기다려야 한다.

성공하려면 오랜 시간과 세월이 필요하다. 그것을 못 참아 배신하고 휴지 조각처럼 대하거나 버리면 반드시 후회한다.

참고 견디면 고진감래의 결과가 나온다.

푸슈킨은 이렇게 노래하였다.

"슬퍼하거나 노여워하지 말라. 슬픈 날을 참고 견디면 즐거운 날이 오리니….”

우리나라 사람들은 대부분 성격이 급하다. 빠른 것이 좋을 때도 있지만 때론 한 템포 늦추는 것도 좋은 방법이다.

모든 것을 성급하게 서두르면 실패할 확률이 높다. 또한 자연의 이치, 섭리에 의해 일이 진행되므로 대자연 앞에서는 순응해야만 한다.

  때가 되면 마음을 급하게 먹지 않아도 자동으로 해결된다. 그리고 자신의 마음부터 움직이게 되고 자신감이 생기고 마음이 동하게 되어 있다.

  참고 견디고 인내한 사람에게는 상대방의 마음이 열리고 더욱더 잘해 주게 된다. 감사하는 마음도 짙어지고 소중함도 더 깨닫게 된다.

남녀 관계는 일심동체지만 예의에 벗어나면 안 된다

사랑하고 가까운 사이일수록 예의를 중요시해야 한다. 예의에서 벗어나면 사랑이 아니라 무시하는 관계가 될 수 있다.

서로 존중하고 아끼며 말 한마디도 신중하게 생각해서 해야 한다. 앞에서도 말했듯이 남녀 간의 다툼은 큰 것에서 오는 것이 아니라 작은 불씨에서 시작된다.

시간이 흐른 뒤 생각해 보면 애들 장난 같은 말 때문에 싸운 경우가 많을 것이다.

사랑하는 사이일수록 반말은 될 수 있으면 하지 않는 것이 좋다. 그렇다고 너무 격을 높이는 것도 자연스런 맛이 나지 않는다. 적당하게 하는 것이 좋다.

특히 요즘은 남편을 '오빠'나 '아빠'라고 호칭하는데 듣기 불편하다.

그것이 어디에서부터 비롯되었는지는 확실하지 않으나 촌수를 가르치지 않는 가정교육의 잘못이라고 생각한다.

어떻게 남편이나 애인이 오빠가 될 수 있는지… 엄밀히 따지자면 오빠는 오빠일 뿐이다. 남매 관계가 아니면 이웃 오빠에 속할 뿐이다.

또한 "우리 아빠가~" 하는 호칭도 많이 쓰는데 이것은 오빠보다 더 듣기 민망하다. 이 호칭은 남편에게 절대로 써서는 안 된다. 아빠가 어떻게 남편이 되는지… 어느 나라에서 온 법도인지 모르지만 도저히 이해 불가다.

아빠와 섹스를 하고 아이를 낳는다고 생각하면 본인들도 기가 막힐 것이다.

심지어 방송에 출연해서도 그런 소리를 하는 사람들이 있다. 그것이 생방송일 때는 그 대책 없는 소리에 많은 사람들이 당황한다는 사실을 알아야 한다.

아빠는 부모님 중의 한 분인 아버지이다. 그리고 아빠는 자녀들이 부르는 호칭이지 아내가 부르는 호칭이 아니다.

'여보', '당신'이라는 호칭이 있는데도 불구하고 왜 아빠라고 부르는지 모르겠다.

이 글을 읽은 후부터 호칭을 바로 고쳤으면 한다.

부부는 촌수를 따지면 무촌이기에 존중하는 차원에서 서로에게 반말을 하지 말고 또한 막말을 삼가야 한다. 남녀 관계에서는 일단 반말을 하지 않으면 서로에게 상처 주는 말을 쉽사리 하지 않는다.

남녀 관계는 세상에서 가장 가깝고도 먼 관계이다. 돌아서면 남이요, 사이 좋으면 가족이다. 그러므로 피를 나눈 친인척보다 더 소중하게 관계를 유지해 나가야 한다.

자녀가 있다고 해도 부부는 무촌이다. 피 한 방울 섞이지 않은 관계이다. 부모와 자식은 혈연관계이기에 부모가 이혼을 하면 아이는 부모를 그리워하고 만나고 싶어 한다. 그러나 부부는 남남이 되면 그보다 더한 원수는 없다. 물론 이혼한 후에도 만나는 부부가 더러 있지만 대부분은 상대를 원수처럼 생각한다.

그러므로 막판까지 가지 않으려면 서로 존중하고 말을 아끼고 호칭 또한 높이고 행동 하나하나 조심해야 한다. 내 사람이니 편하다고 예의에 어긋난 행동을 하면 실망하고 싫증을 낼 수 있으니 더욱더 조심해야 한다.

이 세상 모든 부부가 서로에게 모범이 되는 부부로 한평생 같이 가길 진심으로 바란다.

누구나 살면서
한 번의 고비 수는 있다

어려운 난관에 부딪히면 서로가 힘이 되어주는 관계가 되어야 한다. 이기적인 생각은 버려야 한다.

누구의 잘못도 아니다. 특별하게 변수가 있지 않는 한 그것은 자연의 이치다.

항상 행복하게만 살 수 없다. 오르막이 있으면 내리막 또한 생기기 마련이다. 그것이 우리네 삶이다.

높은 지위의 권력과 부를 누리는 가정에도 문제는 반드시 있다. 정상의 위치에서 모든 것을 갖추고 행복만을 누리는 가정은 절대 없다.

가난 또한 평생 유지하지 않는다. 한 번의 기회는 온다. 그러니 어려울수록 단합해서 뭉쳐야 한다.

가난은 그 누구의 탓이 아니다. 모든 것은 자신의 탓이다. 그것을 깨우치지 못한 자들은 각자 자기주장만 내세우고 이기적으로 행동하면서 어려운 난관을 회피하려고 한다. 그러면 가정은 깨지고 만다. 한 번 깨진 가정은 원점으로 돌아가기 힘들다. 시간이 흘러 후회해도 소용없다.

가정을 파탄시킨 후 다른 삶을 살기 위해 돌파구를 찾아보지만 그래도 가정의 울타리만큼은 행복하지 않다. 왜냐하면 가정에는 자녀들도 있고 그동안 서로가 함께 쌓아온 삶의 역사가 있기 때문이다.

다른 곳을 찾아 헤매봐야 다 부질없는 짓이다. 오히려 모든 것에 고통이 따르고 방황만 더욱더 심할 뿐이다. 그리고 자신을 더 망가트리는 행위만 뒤따를 뿐이다.

항상 남의 떡이 더 크고 좋아 보인다. 하지만 전혀 그렇지 않다. 내가 동경하는 상대방을 속속들이 알고 나면 오히려 나의 울타리보다 못한 가정이 많으며 사람을 알아도 자신에게 피해 되는 사람만 접하게 된다. 왜냐하면 운이 좋지 않게 흘러가기 때문이다.

그럴수록 가정과 화합하면서 참고 견디고 일어설 수 있는 방법을 터득해야 한다.

힘든 고비를 무사히 잘 보내고 나면 그 또한 아름다운 추억으로 서로에 대한 사랑이 더욱더 깊어진다.

하지만 단합이 어려운 가정이라면 포기할 수도 있다. 이를테면 태어난 환경이나 자라온 환경에 의해 단점이 많아 회복할 수 없는 가정은 어쩔 수 없다. 그것은 필자도 강요하고 싶지 않다.

이를테면 남녀를 막론하고 도박과 쾌락에 빠진 것은 고칠 수가 없다. 타고난 본질의 성정이기에 절대적으로 고칠 수 없는 고질병이다. 그럴 땐 빨리 포기하는 것이 좋은 선택의 방법이기도 하다.

남녀가 그런 성정을 가지고 있다면 가정이란 울타리를 만들어서는 안 된다. 왜냐하면 그 부부 사이에 자녀가 생기기 때문이다.

과연 그 자녀는 무엇을 보고 자랄 것인가? 그러기에 악순환이 계속될 수밖에 없다. 그런 가정의 자녀들은 비행 청소년이 될 가능성이 높으므로 가정을 떠나서 국가적 차원에서도 전혀 도움이 안 된다.

부부 중 현명한 사람이 자녀들을 위해서라도 독립을 해서 자녀를 사랑으로 가정교육에 충실해야 한다. 자신이 뿌린 씨앗을 잘 가꾸어야 결과가 좋게 나온다.

필자는 강요하고 싶다!

특별나게 모나지 않으면 가정에 만족을 느끼고 어려움도 같이 나누고 백지장도 맞들면 낫다고.

웬만하면 내 가정 내 울타리를 잘 지켜 나가는 현명한 방법을 최우선으로 생각하고 잘 이겨내길 바란다.

평범한 것이 가장 어려우면서도 가장 좋은 삶이다.

모든 것에 탐욕이 심하면 스트레스가 생기고 병이 된다. 지나친 탐욕은 언젠가는 화를 부른다.

자기 자신의 그릇에 맞게 생각하며 과식하지 말자. 행복은 멀리 있는 것이 아니라 내 주변에 있다.

모든 것은 시간이 해결해 준다.

항상 올바른 사고와 남에게 피해 주지 않는 반듯한 삶을 살아가길 바랄 뿐이다.

참된 봉사를 하면 그 은덕은 자녀에게 돌아가게 되어 있다.

봄, 여름, 가을, 겨울이 오듯이 우리의 삶도 그렇게 오고 흘러간다.

남녀의 성생활

　남자에 대해 여자가 모르는 것이 있다! 남자는 성생활을 집에서는 그저 그렇게 해도 밖에서는 화끈하게 한다. 집에서 하지 못한 행위를 밖에서 원 없이 미친 듯이 한다. 그래서 남자는 집에 들어오면 피곤하다며 이내 잠들어 버린다.
　남자의 출퇴근이 정확하다고 믿으면 그것은 여자들의 착각이다. 또한 남자들도 알아야 한다. 현명한 남녀는 그것을 빨리 알아차린다.
　서로 배려하고 사랑하면서 믿음과 신뢰를 쌓으며 최선을 다하는 부부는 행복하게 살아갈 것이다. 특히 남자가 집에서 부부관계를 갖지 않으면 여자도 같은 마음을 가진다는 사실을 알아야 한다. 외롭기 때문에 다른 남자를 찾게 된다. 부부 일심동체라 서로 똑같다고 생각하면 된다. 그런데 서로 확인할 수 없어 그냥 넘어간다. 다들 내 사람만은 그렇지 않다고 착각한다.
　술집에 다니는 남자 대다수가 유부남이다. 총각들은 가고 싶어도 돈이 없어서 잘 못 간다. 여자 또한 마찬가지다. 요즘은 유부녀들도 애인 한둘쯤은 있는 시대이다. 그만큼 불륜이 다반사로 일어나는 시대임에도 불구하고 본인의 남편과 부인을 의심하지 않는다는 것이 오히려 이상할 정도이다.

현시대는 자연스럽게 서로 숨기고 사는 부부들이 많이 증가하는 추세이다. 또한 그런 부부들은 각자 가정에서도 정상적으로 성생활을 한다. 단지 둘만의 비밀이 있을 뿐이다. 아니면 사람은 정이 하나라 각방을 쓰게 되는 부부도 있다. 그렇게 시간이 흐르면 서로에 대한 관심이 서서히 식어간다. 겉으로는 극히 정상적인 생활을 하면서도 불륜에 빠지면 각자 즐기기 때문이다.

남자들은 성 기능을 강화하는 약품들을 사용하면서까지 즐긴다. 특히 성에 대한 남자들의 집착은 대단하다. 그것으로 본인이 살아 있음을 느끼고 자부심을 갖는다.

여자들도 몇 프로 정도는 그것을 좋아한다. 하지만 그렇지 않은 여자들도 있다. 그 점에서는 남녀 간에 차이가 있다. 내 남자는 내가 지키고 네 여자는 네가 지켜야 한다.

서로의 무관심은 깨진 그릇이나 마찬가지이다.

성격 차이라면…

성격 차이 외에 다른 문제가 없다면 서로 배려하고 노력해서 함께하는 것이 가장 바람직하다. 도박, 욕설, 구타, 무능력 등만 아니면 서로 노력해서 안 되는 것이 없다.

아이들을 생각해서도 그렇고…. 이 세상 어느 부모가 자기 핏줄을 소중하게 여기지 않겠는가. 아이들은 상처를 쉽게 받는다.

또한 서로 불륜을 범하면 여자만 손해를 본다. 남자는 가정을 포기하지 않는다. 한 발만 내놓을 뿐이다. 그리고 달콤한 말로 여자에게 다가간다. 여자는 그 말을 절대적으로 믿어서는 안 된다. 여자는 순수해서 그 달콤한 말에 쉽게 넘어간다.

그리고 대부분의 여자는 불륜의 관계를 유지할 때 착각하고 두 발 다 밖으로 나온다. 그렇게 하면 바로 후회한다.

남자는 집착하는 여자를 가장 싫어한다. 또한 부담스러워하면서 서서히 뒷걸음친다. 항상 당당한 모습을 보여줘야 무시하지 않고 매력으로 느낀다. 그러니 절대 두 발 다 나와서는 안 된다.

　남자는 일단 가정에 정이 없어도 가장으로서 할 도리는 다 한다. 밖의 여자는 단지 불장난이라고 생각하면 된다. 그것에 넘어가는 여자만 결국 상처를 입는다. 명심하고 불륜의 관계는 갖지 않길 바란다.

　결혼을 전제로 한 남녀 간의 만남에는 그런 일이 발생하지 않고 서로에게 최선을 다하려고 한다. 그러나 세월이 흘러 나이가 들면 가슴에 구렁이만 잔뜩 품고 있으니 상처받는 쪽은 여자이다.

　남자는 대부분 이기적인 성향이 강하다. 그래서 그런 현상이 생긴다. 여성은 모성애가 있어 잘해 주다 보면 상처를 받게 되어 있다. 명심하길 바란다.

종교적 갈등

　종교적 갈등도 두 사람 관계를 많이 차지하는 부분이다.
　종교란 필자가 감히 말씀드리자면 본인의 마음을 잘 다스리지 못할 때 마음의 수양을 쌓는 곳이라고 말하고 싶다. 그러니 거기에 너무 집착하는 것보다는 어느 정도 적당한 선을 유지하는 것이 좋다.
　마음이 답답하거나 괴로울 때 위로와 평안을 얻을 수 있는 정도로 생각하면 될 것 같다.
　모든 종교는 다 같다고 생각한다. 하나님을 믿는다고 타 종교를 질타하면 안 된다.
　사람은 저마다 종교를 자유로이 선택할 권리가 있다. 그러니 타인의 종교를 존중해 주어야 한다. 본인의 신중한 고찰이 필요하다고 생각한다.

　남녀 관계에서 종교가 각각 다르다고 결혼에 문제가 되거나 갈등이 생겨서는 안 된다.
　또한 종교 문제로 가정에 불화가 일어난다면 종교를 가지지 않는 것이 현명하다고 생각한다.

　종교에 너무 집착해 집안 살림을 등한시하다 보면 가정에 갈등과 불화가 생겨 가족이 해체되는 경우도 발생한다. 적당한 선에서 중심을 잡고 종교생활을 한다면 별 탈이 없다.

　본인의 종교로 인해 상대방이 힘들어한다면 종교에 대해 깊이 생각해 봐야 한다.

　유교사상이 철저한 부모들은 자식이 결혼할 때 궁합을 보고 서로 좋지 않으면 결혼을 반대한다. 하지만 사랑의 힘으로 부모님 반대에도 무릅쓰고 결혼하는 연인도 있다.

　그것 또한 자연의 이치와 섭리에 의해서 맺어진 것이기에 어쩔 수 없다. 우려했던 것보다 오히려 잘 살 수도 있다. 결혼은 종교와는 무관하다.

　인연이라면 그 어떠한 고난이 닥쳐도 인생의 동반자가 될 것이고, 인연이 아니라면 동반자가 될 수 없다. 그것은 본인의 의지와 상관없이 이루어진다. 모든 것을 종교에 부합시킬 필요는 없다.

부부론

　부부로 연을 맺어 사는 동안 여러 가지 일들이 발생한다. 좋은 인연으로 맺어진 관계는 힘든 일도 슬기롭게 잘 헤쳐 나가고 편안하고 부유하게 살며 금실 또한 좋다.
　잘못된 연으로 맺어진 인연은 발전도 없고 항상 그 자리에서 다툼만 생긴다. 아니면 어느 한쪽이 포기하고 살아가지만 변화는 없다.
　미래에는 '좋아지겠지' 하고 기대하며 살지만 기대는 기대일 뿐이다. 처음부터 단추를 잘못 끼운 것과 같은 현상이 일어난다. 다투고 난 다음 며칠은 괜찮아도 타고난 성격은 버리지 못하기 때문에 잘못을 반복하게 되어 있다.
　그러므로 그와 같은 동반자와 평생 같이 살아가려면 기대와 희망, 그리고 모든 것을 버리고 마음 또한 비워야 한다. 그래야만 평생 같이 살 수 있다. 이러한 남녀 관계는 상대방이 죽을 만큼 힘이 들어도 상대방 마음을 전혀 헤아리지 못한다.
　왜냐하면 상대방의 성격파악이 불가능하기 때문이다. 아

무리 쉽게 설명해도 상대방은 알아듣지 못한다. 어린아이와 같다고 생각하면 된다. 즉 부모 마음을 모르는 자식에 비유할 수 있다. 그러므로 상대방을 파악하는 사람만 힘들어진다.

위와 같은 입장에 놓인 부부라면 상대방이 빨리 모든 것을 포기하고 아이 하나 더 기른다는 생각으로 넓은 아량과 이해심으로 받아줘야 한다.

가족과 함께

　세상에서 가장 사랑하는 가족과 함께 행복한 휴일을 만들어가는 가정은 모범적인 가정이다.
　먼 훗날 뒤돌아보았을 때 그 시간을 떠올리며 입가에 행복한 미소를 지을 것이다. 항시 곁에 있을 때는 잘 모르지만 세월이 흘러 가족의 부재를 느낄 즈음에는 가족의 소중함을 깨닫게 된다.
　후회하지 않는 휴일, 하루를 알차게 보내는 시간이 최상의 방법이다. 휴일만큼은 사랑하는 가족을 위해 서로 봉사하는 날로 정해 가족애를 느껴보자.

남녀가 소통하는 방법
(남녀 관계 심리학개론)

〈여성이 남성을 다루는 방법〉

여자는 자연에 비유하면 꽃이라 할 수 있다. 언제, 어디서, 어떻게 인연이 닿을지 모르므로 여자는 늘 단장을 하고 다녀야 한다. 여자를 왜 꽃에 비유하느냐고 반발하는 사람들도 있을 것이다. 그러나 여자는 아름답고 신비스러운 꽃으로 세상에 태어났다. 각자에게 알맞은 아름다움과 향기를 겸비한 꽃으로 말이다.

몸과 마음, 정신과 생각이 항상 준비된 상태로 생활화하는 습관을 길러야 한다.

그러자면 무엇이 가장 중요할까?

세상에서 나를 가장 소중하게 사랑하고 아껴야 하는 마음 자세가 필요하다. 자신의 가치는 자기 스스로 만들어 가는 것이다.

남자는 여자를 볼 때 제일 먼저 아름다움, 미(美)를 본다. 아름다움이란 사람마다 보는 시각이 다르다. 각자가 그려놓은 이상형의 기준이 다르기 때문이다. 그래서 옛말에 짚신도 짝이 있다고 하지 않았는가.

사람은 저마다 타고난 개성과 미가 다르다. 그러므로 본인만이 갖고 있는 개성과 장점을 잘 살려 아름다움을 더욱 추구하길 바란다.

그리고 아름다움 다음으로 지식을 본다. 상대가 어느 정도의 지식을 소유하고 있는지 남녀 간에는 상대편이 더 빨리 파악한다.

다음은 품위를 본다. 품위란 도덕과 윤리(인성) 즉, 가정교육의 중요성을 의미한다.

남자들의 성향을 알아보기 위해 우선 몇 가지 타입을 보자.

- A타입 : 사회성이 좋고 생각이 깊으며 모든 일처리에 능숙하고 완벽하게 다 알아서 척척 잘 헤쳐 나가는 사람이다. 그리고 여자의 마음도 잘 헤아린다. 하지만 이런 타입은 몇 퍼센트밖에 안 된다.
- B타입 : 사회성은 좋은데 가정에는 충실하지 않은 사람이다.
- C타입 : 사회성도 부족하고 가정에도 불성실한, 모든 것이 부족한 사람이다.
- D타입 : 사회성은 부족하지만 가정에 충실하고 지나칠 정도로 간섭과 참견이 심한 사람이다.

세상에는 다양한 성향의 남자들이 존재한다. 아래에 열거해 놓은 것은 대부분 남자들의 성향일 것이며 여자들이 바라는 희망사항이다.

　• 여자 앞에서는 어린아이같이 순진하다. 또한 그러고 싶어 한다. 모성애를 늘 그리워하기에 그런 현상이 생긴다. 남자가 알아서 챙겨주길 바라면 큰 오산이다. 그래서 여자는 이 부분에 대해 상처를 많이 받는다.

　• 남자에게 항상 칭찬을 아끼지 말아야 하는 것이 철칙이고, 모성애를 발휘해야 하는 것을 정말 중요하게 생각해야 한다. 이것이 이 글의 가장 중요한 포인트이다.

　• 남자는 동물적 생식기를 강하게 타고났기에 여자는 그것을 동물적이라고 표현하는데 자연스럽게 받아들여야 한다. 생식기 자체가 여자와 완연하게 다르기 때문이다.
　남자는 육체적인 사랑을 가장 중요하게 생각한다. 어쩌면 1순위라고 해도 과언이 아닐 정도이다. 남자에게 육체적 사랑이란 배설이란 의미를 갖고 있기 때문이다.
　그리고 그것에 대한 자존심은 생명만큼 소중하게 여긴다. 만약 생식기가 제 역할을 못 하면 남자는 삶의 의욕마저 잃는다. 그처럼 예민하게 생각하니 존중해 주어야 한다. 힘을 실어주고 칭찬을 아끼지 말아야 한다.

  칭찬 대신 불만을 토로하면 남자는 반발심이 생겨 그 순간을 회피하려고 한다. 그때부터는 상대를 싫어하고 모든 말을 잔소리로 생각하며 아무리 좋은 말을 해도 먹히지 않고 발전되는 말을 해도 소용이 없다. 그 정도로 육체적인 사랑에 많은 기준을 둔다. 그것이 해결 안 되면 어린아이와 같은 감정을 가지게 된다.

  • 아무리 학식이 높고 우아하고 품위 있는 여자라 해도 육체적인 사랑을 할 때만큼은 신사임당 타입을 원하지 않는다. 남녀가 서로 육체적인 사랑을 잘하려면 우선 서로 솔직한 대화로 풀어나가야 한다. 창피하다고 생각해선 안 된다. 그것을 남녀 관계의 아름다운 예술이라고 생각해야 한다. 그리고 행복하게 아름다움을 찾아내야 한다. 그것이 현명한 여자다.

  • 여자는 때론 그것을 자존심이라 착각하는데 그 또한 오산이다. 남자는 현명한 여자를 원하고 육체적인 사랑에 매우 민감하다.

  • 부부가 같이 사회생활을 할 때, 여자는 피곤하면 그냥 편히 자고 싶어 한다. 하지만 남자의 생식 구조는 피곤할수

록 육체적인 사랑을 요구한다.

그것이 남녀 생식기 구조의 차이점이다. 그러므로 여자는 남자의 생식기 구조에 맞춰줘야 한다. 그것이야말로 남자의 바람기를 막을 수 있는 유일한 방법이다.

그것이 충족되지 못하면 남녀 관계에 갈등이 빚어진다. 자꾸 불만이 쌓이면 남자는 자기네들이 좋아하는 곳으로 눈을 돌린다. 가정이 있다면 가정까지 포기할 정도이다. 결혼 전이라면 그 상대와 결혼조차도 생각지 않는다.

- 남자의 심리는 데이트할 때와 결혼한 후 확연히 다르다.

- 여자들이 가장 착각하는 것 중 하나가 연애 중에는 잘 모르지만 결혼생활을 오래한 부부는 본인의 남편에 대해 모든 것을 다 안다고 생각하는 것이다. 다 알면 왜 이혼을 하는가. 결정적인 것을 맞추어 주지 못하기에 이혼하는 것이다.

- 남자에게 순종하고 칭찬을 해주면 남자는 행복해한다.

- 기념일을 '남자가 알아서 챙겨주겠지? 지켜봐야지!'라는 생각을 하면 오산이다. 대부분의 남자는 여자만큼 세심하지 않다. 또한 사소한 일에는 크게 신경 쓰지도 않는다.

말을 하지 않았는데도 알아서 챙겨주는 남성은 아주 극히 드물다. 알아서 해주길 원한다면 실망할 것이다. 여성 스스로가 스트레스를 자초하는 일이다. 여자에게 기념일은 중요한 일이므로 반드시 확인해 주거나 챙겨줘야 한다.

• 여자는 불만이 있으면 그때그때 애교를 섞어 남자에게 토로해 슬기롭고 지혜롭게 대처해야 한다.

남자에게 도움을 요청하고 힘들면 힘들다고 표현하고 조율을 잘해야 한다. 조율을 할 때도 길게 말을 하면 남자는 잔소리라 생각해 한 귀로 듣고 한 귀로 흘려버린다. 한마디를 해도 강하게 어필해야 한다.

남자는 가사와 육아를 아주 쉽게 생각한다. 남자는 가족을 위해 사회에서 최선을 다하고 있다고 생각하므로 여자의 고통은 조금도 헤아려주지 않는다.

• 남자는 여자의 일을 눈으로 확인하지 못하기에 집에서 편안하게 뒹굴며 쉰다고 생각한다. 살림을 아무리 잘해도 알뜰하다고 칭찬하지 않는다. 겉으로만 "당신은 알뜰해"라고 생각해 주는 척하지만 속으로는 아름다운 여자를 갈구한다.

그래서 남자를 철없는 어린애와 같다고 생각하면 정답이다. 현실을 직시하는 남자는 거의 희박하다.

• 때론 여자에게 휴일에 역할을 바꿔서 생활하는 기회를 주는 것이 좋다. 하루 정도 집안을 청소하지 않아 엉망이 되더라도 자신을 변모시켜 최상의 아름다운 꽃으로 꾸미고 외출을 시도해 보는 것도 좋은 방법 중 하나이다.

아름답게 꾸미고 변신하는 방법은 남자의 심리를 자극하는 방법이기 때문이다.

'저렇게 아름답게 꽃을 피울 수가 있을까?' 그러면 남자는 자신의 아내도 '아름다운 여자이구나!'라는 생각을 할 것이다. 그럼 여자는 두 가지를 얻을 수 있다.

집안 살림이 정말 어렵다는 것과 밖에 있는 젊은 여자만 예쁜 것이 아니라 본인의 아내도 아름답다는 것을 알아야 한다.

• 남자는 아내가 아름답게 꾸미고 있으면 불안해하면서도 좋아한다. 왜냐하면 남자의 질투가 여자보다 강하기 때문이다. 단지 밖으로 표현하지 않을 뿐이다. 남자는 은근히 돌려서 표현한다.

그렇다고 화려하게 명품으로 꾸미라는 것은 아니다. 그러면 남자는 낭비가 심하다고 오히려 싫어한다. 단지 가계부를 생각하면서 할애할 수 있는 부분까지의 소비가 적당하다.

• 슬기와 지혜를 가진 자는 가슴에 멍이 들지 않는다. 그

것이 부족하기 때문에 나를 망가뜨린다.

• 상대의 심리를 알면 백전백승이다. 특히 남성은 결혼 전과 결혼 후의 차이가 아주 심한데, 남자는 잡아놓은 물고기에는 밑밥을 주지 않는다. 그리고 남자는 항상 새로운 것을 찾아 헤맨다. 그러므로 여자의 변신은 반드시 필요하다.

• 여자는 마음의 문이 열리지 않으면 육체적인 사랑에 전혀 동하지 않는데 대부분의 남자는 그 사실을 모르고 있다.
 또한 남자는 여자가 화를 내면 달래주는 것도 육체적 사랑이라고 착각한다. 그것이 화해의 방법이라고 생각하기 때문이다.

• 여자는 화가 나면 더욱더 마음이 동하지 않아 억지로 한다는 생각에 강간을 떠올리지만 그 또한 잘못된 생각이다. 그럴 땐 솔직하게 본인의 감정을 표현해야 한다.

• 남자는 육체적 사랑이 원활하지 않으면 거의 성격 차이라고 표현한다. 이때 여자가 슬기롭게 풀어나가지 않으면 이별, 이혼까지 가게 된다.

• 칭찬과 용기가 그 무엇보다도 약이 된다. 특히 여자는

남자가 눈물에 약하다고 생각하는데 그것도 자주 사용하면 싫증을 낸다.

• 남녀 문제는 큰 사건으로 다투는 일은 거의 없다. 사소한 것이 하나 둘 쌓여 늘어가면서 마찰이 생긴다.

• 우리나라는 선진국으로의 첫발을 내딛고 있는 변화의 과도기이기에 보수적 면과 개방적인 문화가 서로 얽혀 있어 더욱더 힘이 든다.

• 시대적 변화에 의해 결혼을 하지 않은 싱글족이 많이 늘어나고 있다. 과도기라 그런 현상이 일어나는 것이다. 서로 구속당하기 싫어하는 점에서 오는 것이다. 특히 능력 있는 여성은 더욱더 결혼생활의 중요성을 느끼지 못한다.

• 여자는 남자에게 자유를 많이 줘야 한다. 사회활동을 하는 남자는 대부분의 비즈니스를 술집에서 하는 경우가 많기 때문에 술을 자주 마신다. 구속은 남자의 사회생활을 망치는 원인이 될 수 있다.

• 남자가 퇴근하고 집으로 들어올 때 "오늘 하루도 수고했습니다. 많이 피고하시죠? 가족을 위해 노력하는 모습에

감사합니다." 이 한마디면 남편들의 피곤함은 눈 녹듯 사라진다.

• 여자는 여우가 되어야 한다. 남자는 곰같이 미련한 여자를 가장 싫어한다.

• 때론 무관심할 필요가 있다. 지나친 간섭은 남자를 싫증나게 한다. 적당한 밀당 스킬을 활용하는 것도 효과가 있다.

• 여자는 모성애가 있어 상대에게 베푸는 마음이 큰데 또한 보상심리까지 갖고 있다. 만약 보상심리가 들어가면 그것이 쌓이면서 여자의 가슴에 멍이 들기 시작한다.

• 삶은 연극이다. 선의의 연극은 삶에 큰 의미를 가져다준다. 만약 위의 내용처럼 할 수 없다면 본인의 성격에 문제점은 없는지 살펴보아야 한다. 남녀 관계는 음양의 조화라 자연의 이치에 맞게 조화를 잘 이루어 나가야 모든 면에서 좋은 결과가 나온다.

• 남자의 심리만 알면 서로 다른 환경에서 자라고 지역적인 문화 차이도 별 문제 없이 극복하고 성격 차이도 일어나지 않는다. 남자의 심리를 모르기 때문에 모든 문제가 발생

하고 문화, 성격, 집안 문제가 발생한다.

　이별하고 이혼하는 경우는 서로 이기적인 생각만 하기 때문이다. 손뼉도 마주쳐야 소리가 난다.

　남녀 관계에서 대화로 서로에게 하고 싶은 말을 허심탄회하게 나눌 수 있는 시간을 가져야 한다. 대화로 풀지 않고 가슴에 담아두면 불신이 깊어져 사이가 더욱더 멀어지게 되며 불화나 마찰까지 생길 수 있다. 단지 법적으로 이혼만 하지 않았을 뿐 한 지붕 아래에서 남남처럼 살아간다.

　• 남녀는 대화의 시간을 자주 가져야 한다. 대화법에서 가장 중요한 것은 먼저 상대방의 말을 진심으로 들어줘야 하고, 상대방이 불만과 불평을 늘어놓아도 끝까지 경청한 후 상대에게 자신의 이야기를 꺼내야 한다. 그러다 보면 어디서부터 잘못되었는지 찾을 수 있고 조율이 가능한 시점을 조금씩 찾아나갈 수 있다.

　상대방이 말을 하는데 경청도 아니 하고 무시하며 자기주장만 내세우면 대화가 중단되며 골만 깊어지게 된다.

　남녀 관계에 있어 대화법이 정말 중요하다.

　• 남녀 문제를 상담할 때 주변 상식이 없는 친구나 상대방 편을 대변해 주는 분들과 의논하면 절대로 안 된다. 문제가 간단하지 않다면 전문가와 상담을 해야 한다. 그것만이 발전

이 있고 답을 찾을 수 있다.

　우리나라는 남녀 문제에 대한 교육기관이 없다 보니 여자는 남자 심리를, 남자는 여자 심리를 공부할 수 있는 공간이 없다. 그런 문화 공간이 있어야 결혼도 하고 이혼율도 줄어든다. 정말 안타까운 현실이다.

　물론 인연은 자연의 이치에 의해 맺어지지만 남자의 심리를 알고 나면 좀 더 부드러운 관계를 유지해 나갈 수 있다. 모든 것은 상대적이다. 특히 남녀 관계는 오해의 소지가 많기에 대화를 자주 해야 한다.

- 남자에게 잔소리는 금물이다. 담배 피우지 마라, 술 마시지 마라, 기타 등등 무엇이든지 하지 말라고 하면 밖으로 겉돌고 집에 가기 싫어한다. 잔소리를 하면 할수록 집과는 멀어지게 되어 있다.

　남자가 집에 오면 최상의 편안함을 주어야 한다. 그래야만 집을 안식처로 생각하고 밖으로 돌지 않는다. 이것은 아이도 마찬가지이다. 잔소리가 심하면 집을 무서워해서 없는 약속도 만들어서 밖에서 돌다가 하숙생처럼 되어 버린다.

- 사람은 좋은 점이든 나쁜 점이든 타고난 성격은 좀처럼 고치기 힘들다. 아니, 타고난 성향은 바꿀 수 없다. 있는 그대로 받아들이고 보완해 주면 된다.

만약 상대방의 성격을 바꿀 수 있다고 착각하고 고쳐서 데리고 살아야지 생각한다면 그 또한 오산이다. 그것은 기름을 가져다 들이붓는 격이다.

• 집안 살림만 하는 여자는 남자와 대화를 할 때 주로 자식 문제를 주제 삼아 이야기를 한다. 하루 종일 집안에서 자녀들과 생활하니 딱히 주제거리가 없기 때문이다.
자식 문제는 부부가 서로 공동 분담해야 하는 부분이기에 별 문제는 없다. 그러나 자식을 험담하는 투로 대화해서는 안 된다. 해결책을 마련할 수 있는 방향으로 이끌어 나가야 한다.

• 슬기롭고 지혜로운 여자라면 세상 돌아가는 일들과 다양한 면을 뉴스를 통해서 접해야 한다. 그리고 내조를 잘하려면 본인의 남자가 하는 일에 대해 대충이라도 공부하는 것이 매우 중요하다. 아무리 말이 없는 남녀라 해도 본인이 하는 일에 대해서는 이야기하게 되어 있다.
여자는 움츠러든 남자의 어깨를 펼칠 수 있게 하는 원동력이다.

〈남성이 여성을 다루는 방법〉

남자가 여자의 심리를 알면 많은 도움이 될 것이다. 사회생활 면에서도 그렇고 모든 면에 있어서 그러하다.
아래 내용의 글을 읽은 후 실천해 나가면 모든 여자에게 사랑받는 남자가 될 것이다.

• 여자는 첫 만남을 가질 때 주의 깊게 관찰한다. 남자의 매너와 외모, 자라온 배경 등 머리에서 발끝까지 섬세하게 살피고 질문한다. 하지만 내색하지 않는다.

• 첫 미팅에서 상대 여자가 마음에 들었다고 성급하게 생각하고 육체적 사랑을 원하면 안 된다. 여자를 애타게 해야 한다. 여자는 그런 남자에게 더욱 끌린다.

• 여자는 현실적인 면에서 매우 강하다. 현실적으로 모든 면이 따라주는 것을 원한다.
육체적인 면은 후자이다. 우선 선물 공세와 애정 표현을 실천하면 여자의 마음의 문은 자동으로 열리며 육체적인 사랑을 아름답게 연출해 나간다.

• 여자는 남자의 말 한마디에도 매우 예민하게 반응하므

로 남자는 말조심을 해야 한다.

여자는 상처를 입으면 말하지 않고 차곡차곡 가슴에 담아 둔다. 정말 화가 많이 났을 때 꽁꽁 싸매 두었던 보따리까지 풀어 헤친다.

• 여자는 화가 나면 헤어지자는 말도 가볍게 잘한다. 그러나 막상 헤어지자는 말은 하지만 속마음은 남자가 잡아주길 원한다. 이것은 남자의 사랑을 확인하는 방법 중 하나이다.

• 여자는 속마음을 잘 표현하지 않는다. 진정 사랑하는 사람 앞에서는 조심스럽게 행동하고 수줍어하는 경향도 있다.

관심을 받고 싶을 땐 직접 말하지 못하고 주변을 서성이며 관심받고 싶어 한다.

• 남자가 이성으로 느껴지지 않을 때는 오히려 편안하게 행동하며 오히려 여성스러움을 드러내지 않는다.

여자는 남자에게 공주 대접 받는 것을 좋아한다. 왜냐하면 그것으로 남자에게 사랑을 받는다고 판단하기 때문이다.

• 여자는 남자를 좋아해도 전화를 잘 하지 않는다. 대신 남자가 전화해 주길 기다린다.

남자가 전화를 자주 해주고 보고 싶다는 말을 자주 해주면 무척 행복해한다.

• 여자는 아빠같이 자상한 면을 보이고, 아빠가 딸을 대하듯 하는 남성을 가장 선호한다.

대화법에서도 딸처럼 대하듯 말하는 남성을 남자답다고 생각하고 의지하고 싶어 한다.

특히 몸이 아플 때 최선을 다해서 챙겨주면 많은 감동을 받는다. 또한 여자는 사소한 것에도 감동을 잘 받는다. 여자는 감동을 받으면 그 은혜는 절대로 저버리지 않는다. 모성애가 있어 평생 감사한 마음으로 가슴속에 간직한다.

• 여자는 남자의 사랑을 자주 확인받고 싶어 한다. 남자는 보통 전화를 자주 하지 않는데 시간을 내서 짧은 통화라도 한다면 감격해한다. 특히 퇴근시간의 스케줄 보고는 필수이다. 여자는 남자, 남편, 가족하고 있기를 원한다.

• 여자는 남자, 남편이 자상하고 친절하게 대해 주면 절대로 다른 남자는 쳐다보지 않는다.

하지만 대화도 없고 무뚝뚝하다면 여자는 외로워 다른 생각을 하게 된다. 여자가 다른 생각을 하면 방황하게 된다. 여자는 방황할 때 섬세하기에 외도를 해도 남자가 절대 눈치채지 못하게 완벽하게 한다.

여자가 남자보다 말이 많은 것 같아도 때론 여자가 남자보다 더 무게 있고 말을 아낀다. 그래서 "여자가 한을 품으면 오뉴월에도 서리가 내린다"고 표현하지 않았는가.

• 여자는 화가 나면 참다가 소리 없이 사라진다. 말이 없는 사람이 더욱더 무섭다는 것을 알아야 한다. 몇 번 충고를 하는데 남자가 그것을 무시하거나 실천에 옮기지 않으면 말문을 닫아 버린다.

그리고 그때부터 겉으로는 정상적인 행동을 하는 것 같아 보여도 마음은 이미 정리를 한 상태이다. 여자는 연기를 잘한다.

• 여자는 때로 분위기 있는 곳에 가서 외식하는 것을 좋아한다. 여자는 분위기에 매우 약하다.

• 여자는 남자가 육아 문제, 가사 문제를 같이 하는 것을 좋아한다. 잘하든, 못하든 그것이 중요한 것이 아니라 함께 공유하는 것을 좋아한다.

• 여자는 남자가 회사에서 쌓인 스트레스를 집에까지 가지고 오면 남자에게 실망한다. 여자는 남성적인 기질의 남자를 좋아한다. 만약 회사 일로 스트레스가 쌓이면 밖에서 풀고 들어가야 한다.

• 여자는 가볍게 행동하는 남자를 가장 싫어한다. 여자는 남자의 넓은 어깨를 좋아한다. 넓은 어깨란 외모가 아니라 생각의 어깨를 말한다.

여자는 남자에게서 존경심이 사라지면 매력을 전혀 느끼지 못한다. 여자가 남자의 매력 중 가장 중요하게 생각하는 것은 남자답게 행동하는 것 즉, 책임감이다.

• 여자에게 비속어는 치명타이다. 폭력은 헤어지는 단계로 생각한다. 한 번이라도 그런 행위를 하면 여자는 표현은 안 해도 영원히 가슴속 깊이 간직한다.

• 여자는 육체적인 사랑을 할 때도 매우 부드럽게 다뤄야 한다. 여자가 하기 싫어할 때는 절대로 일방적으로 해서는 안 된다. 여자의 입장에서는 그것을 강간이라 생각하기 때문이다. 힘이 들더라도 남자가 참아야 한다. 본인의 욕구 때문에 눈치 없이 여자에게 원하면 여자는 그 남자를 혐오하게 된다.

• 여자는 피곤하면 육체적인 사랑을 힘들어한다. 특히 남자와 다투고 난 후에는 더욱 싫어한다. 그럴 때는 여자의 마음을 풀어주려고 시도해야 한다.

• 여자는 질투를 많이 표현한다. 아주 사소한 것에도 질투를 한다. 대부분의 여자는 남자의 행동을 주의 깊게 관찰한다. 여자는 남자에게 관심이 없는 척하지만 남자의 행동이 변했다고 생각하면 육감이 발동해 남자의 핸드폰이나 모든 소지품을 유심히 관찰하고 몰래 훔쳐보기도 한다. 하지만 표시내지 않는다. 가슴 깊이 담아놓고 지켜볼 뿐이다. 참고 기다리다가 어느 순간 폭발한다. 성격에 따라 약간의 차이는 있지만 대부분 그렇다.

• 여자가 평소와 다르게 말을 하지 않을 때는 무언가 남자에게 불만이 있다고 보면 된다. 그때는 남자가 먼저 말을 걸어 여자의 속마음을 알아야 한다. 대화를 통해 풀어 나가야 한다. 그때 남자는 여자의 말을 존중하면서 경청해 주어야 한다.

이 대목이 모든 글의 주제가 된다고 할 정도로 중요하다.

• 여자가 오히려 남자보다 이해심의 폭이 넓다. 만약 남자가 잘못을 했다면 솔직하게 고백하고 용서를 구하는 것이 현명한 대처법이다.

그런데 남자가 끝까지 고집을 부리며 거짓말을 하면 자신의 신용만 떨어지고 여성은 모성애를 발휘하지 않는다.

• 남자는 여자가 자신의 재능을 살릴 수 있도록 적극 도와주어야 한다. 사람은 저마다 재능 한 가지씩은 가지고 태어난다. 현명한 남자는 상대가 재능을 발휘할 수 있도록 무한한 격려와 뒷받침을 해준다.

때론 그것이 경제가 어려워졌을 때 목돈보다 큰 역할을 할 수도 있다. 환경이 어려워지면 서로 상부상조해야 한다. 서로에게 용기를 주어야 하고 격려가 절실히 필요하다. 설사 역할이 바뀐다고 해도 상대를 원망해서는 안 된다. 때론 여자의 사회 진출이 남자보다 두 배 더 크게 작용할 수 있다.

* * *

두 사람이 합쳐 한 몸이 된 이후에는 남자 할 일, 여자 할 일을 따지지 말아야 한다. 자존심이나 자격지심을 내세울 필요가 없다.

또한 상대를 무시해도 안 된다. 남녀 간의 존중은 필수이다. 가까운 사이일수록 존중을 잊어서는 안 된다.

남성에게 용기를 주는 말

- 당신은 정말 대단해!
- 당신이 최고야!
- 당신만큼 훌륭한 사람은 없어!
- 남자로도 당신이 최고야!
- 당신은 능력이 매우 풍부한 사람이야!
- 당신은 뭐든지 남자답게 정말 다 잘해!
- 당신은 모든 자격을 다 갖춘 남자야!
- 당신은 사나이 중에 사나이야!

이러한 말은 남자에게 용기를 심어주고 자아 발전에도 큰 도움이 되는 최고의 찬사이다.

여성이 남성에게 원하는 표현

- 사랑해!
- 당신 같은 사람, 정말 세상에 없어!
- (속이 상해 넋두리할 때 맞장구치면서) 그랬구나!
- 그런 일이 있었구나!
- 힘들었겠구나!
- 그런 마음인지 몰랐어!
- 속이 많이 상했구나!
- 당신 많이 사랑해!
- 당신보다 더 아름다운 여자는 없어!
- 당신은 나에게 가장 소중한 사람이야!
- 내가 잘못했어!
- 미안해!
- 내가 당신 입장이라도 그랬을 거야!

남자에게 이런 말을 들으면 여자의 가슴속 응어리는 한순간에 눈 녹듯 사라진다.

여자는 많은 것을 바라지 않는다. 작은 일에도 세심하게 배려해 주면 행복은 자연스레 찾아온다.

행복함에도
행복을 모르고 살아가는 삶

행복함에도 행복을 느끼지 못한 자는
세상에서 가장 어리석은 자이다.
본인의 자리가 아니거나 본인이 소화시키지 못하면
그것은 모든 사람에게 악이 된다는 사실….
탐욕은 살인을 부를 수도 있다.
정말 무서운 것이 탐욕인 것 같다.
또한 세상에서 가장 무서운 것은 인간이다.
세상에서 가장 아름다운 것 또한 인간이다.
해서 인간의 삶은 5:5이다
세상에서 가장 아름다운 꽃을 피우는 것도
아름다운 향기를 뿜어내는 것도
보석보다 더 찬란한 빛을 발하는 것도 인간이다.
달콤한 말 한마디보다
쓴소리 한마디가 보약이 된다는 것을….
쓴소리를 진심으로 경청하면 나의 발전은 확실하다.

본인이 긍정적인 마인드로 노력하는 만큼
그 땀 속에는 나의 모든 에너지가 쏟아져 나온다.
생각과 말의 실천은 무지 어렵지만…
어려움을 극복할 수 있어야
하고자 하는 일을 성취할 수 있다.

선(善)과 악(惡)에 대한 고찰

선을 베풀면 그에 대한 보답은 반드시 이루어진다.

많은 사람에게 선을 베풀면 그 사람들에게는 받지 못해도 제삼자에 의해 보상이 돌아온다. 그렇다고 보상받기 위한 마음으로 선을 베풀어선 안 된다. 마음을 비우고 진실한 마음으로 선을 행해야 한다. 그것은 하늘과 땅이 다 알아준다.

"오른손이 하는 일을 왼손이 모르게 하라"는 속담도 있듯이 이 또한 자연의 현상이다.

지구는 쉬지 않고 자전과 공전을 하고 있다.

검은 돈으로 자신의 이익만을 추구한다면 그 업은 다 돌아오게 되어 있다. 선은 선을 낳고 악은 악을 낳는다.

가진 자가 없는 자에게 베푼다면 우리가 살아감에 있어 악한 자는 생기지 않는다.

먼저 선을 베풀면 악은 자연히 사라지게 되어 있다. 악은 환경에 의해 생겨난다.

자신에 대한 고찰

우유부단하게 생각하지 말고 내가 변해야 한다.
상대는 절대로! 절대로! 변하지 않는다.
타고난 성품이므로 고칠 수 없다. 치료 방법도 없다.
상대의 변화를 기다리다간 죽을 만큼 힘이 빠진다.
자신이 마음 편한 쪽을 선택해서 그 길로 가야 한다.
그것이 바로 자신을 사랑하는 방법이다.
하기 싫은 일을 억지로 하다 보면 스트레스가 쌓인다.
현명하고 지혜로운 자는 판단력이 빠르다.
자기 자신을 사랑하면 스트레스를 받지 않는다.
자신이 생각을 바꾸면 변화가 온다.
주변에 스트레스를 주는 사람이 있다면
참된 사랑으로 마음을 비우면 된다.
그리하면 새로운 좋은 인간 관계로 발전하게 된다. 이것을 잘 알면서도 실천하지 않으면 서로 상처만 남긴다.
마음먹기에 달려 있으니 과감한 자신의 선택이 필요하다.

스트레스를 푸는 방법

상처를 다스리는 방법에는 여러 종류가 있다.

종교생활이나 등산, 음악 감상, 운동 등 각자에게 맞는 취미를 한 가지씩 가지면 많은 도움이 된다.

단 종교생활을 하되 수양을 쌓는 정도가 알맞다. 거기에 더 이상을 바라서는 안 된다. 목사를 믿고 교회 건물을 믿어서는 절대로 안 된다. 물론 타 종교도 마찬가지이다. 잠이 오지 않을 때는 음악을 듣거나 책을 읽으면서 명상하는 것도 한 방법일 수 있다.

그러다 보면 잠시라도 마음의 안정을 취할 수 있다. 만약 그래도 치유가 안 된다면 전문가를 찾아가 상담을 받아야 한다. 그 또한 정신적인 치유에 도움이 될 수 있다.

혼자 고민하다 가슴의 응어리가 풀리지 않으면 병의 근원이 되므로 하루속히 치유해야 한다. 모든 병은 자신의 성격에서 온다. 모든 것은 내 탓이므로 남을 탓해서는 안 된다.

자기 자신을 가장 사랑하고 소중히 여겨야 한다. 그러고 나면 상대를 이해할 수 있는 능력이 생긴다. 이것만큼은 절대적인 원칙이다.

  마음의 방황을 다스린다고 술을 마시면 그 순간은 기분이 좋아질 수 있다. 그러나 그것은 그 순간일 뿐 다음 날 더욱 흐트러진 자신의 모습을 발견하게 될 것이다.

  자신의 가치와 정신세계를 업그레이드시켜야 모든 것이 순조롭게 진행된다. 자신이 변하지 않으면 아무것도 얻을 수도 없고 발전 또한 없다.

  하루빨리 자신의 단점을 파악해서 고쳐 나가도록 힘써야 한다. 세상에서 자신이 가장 잘났다고 주장하며 자신의 단점을 고치지 않으면 인생 망가지는 것은 한순간이다. 이 또한 자연의 이치이자 섭리이다.

  자연은 거짓말을 하지 않는다. 자연은 노력한 만큼의 대가를 준다. 지구는 오늘도 쉬지 않고 자기의 의무를 다하고 있다.

김가률 명언 중에서

- 행복한 상황에 있음에도 행복을 느끼지 못한 자는 세상에서 가장 어리석은 자입니다.

- 본인 자리가 아니거나 본인이 소화하지 못하면 그것은 모든 사람에게 악이 됩니다. 탐욕은 살인을 부를 수도 있습니다.

- 정말 무서운 것이 탐욕입니다. 세상에서 가장 무서운 것은 인간입니다. 세상에서 가장 아름다운 것 또한 인간입니다. 그러므로 인간의 삶은 5대 5입니다.

- 세상에서 가장 아름다운 꽃을 피우는 것도, 아름다운 향기를 뿜어내는 것도, 보석보다 더욱 찬란한 빛을 발휘하는 것도 인간입니다.

- 달콤한 말 한마디보다 쓴소리 한마디가 보약이 된다는 사

실을 알고 쓴소리에 진심으로 경청하면 나의 발전은 확실합니다.

• 모든 것은 뿌린 대로 거둡니다. 덕을 행하면 덕을 거두고 악행을 일삼으면 부메랑이 되어 고통의 업으로 반드시 돌아옵니다.

• 긍정적인 마인드로 노력하는 만큼 그 땀 속에는 나의 모든 에너지가 쏟아져 나옵니다.

• 생각과 말의 실천은 쉬운 일이 아니지만 어려움을 극복할 수 있어야 하고자 하는 일을 성취할 수 있습니다.

• 사는 동안 험난한 가시밭길을 걸어야 할 시간이 왔을 경우에 주변에서 덕이 되는 말과 약이 되는 말을 해주어도 구별 못 하고 고집과 아집으로 가시밭길만 선택합니다.

• 죽을 만큼 아픔을 겪지 못하면 사람은 성장할 수 없습니다.

• 삶에서 한 번은 기회가 찾아옵니다. 그 기회를 잘 잡으면 성공의 문이 열립니다.

- 인연이란 좋으나 싫으나 인연의 끈이 다할 때까지 함께 가야 합니다.

- 인간으로부터 오는 고통은 무엇으로도 해결이 안 됩니다. 스스로 극복해야 합니다. 타인도 해결해 줄 수 없는 부분입니다.

- 수심이 깊은 것은 바다가 아니라 사람의 마음속입니다.

- 겉모습만 보고 판단하면 크나큰 실수를 범할 수 있습니다.

- 세상에서 가장 간사한 동물은 사람입니다. 깊은 생각을 하는 동물이기에 그런 현상이 일어납니다.

- 지구상의 모든 것은 자연입니다. 자연은 지구 자전에 의해 변화합니다. 사람도 마찬가지입니다.

- 세월에 따라, 시간에 따라, 분에 따라, 초에 따라 수시로 변하는 것이 자연입니다. 사람도 마찬가지입니다.

- 경쟁의 시대에서는 남보다 앞서가는 아이디어와 기술이

필수입니다.

- 계절이 바뀔 때마다 옷을 갈아입듯이 사람은 시대에 따라 변해야 합니다. 변함없는 사고는 자신을 망가뜨립니다.

- 새로운 좋은 문화에는 빠른 속도로 변화에 맞추어야 합니다. 구시대적 생활환경을 집착해도 좋은 것은 아닙니다.

- 좋은 인간 관계는 자신의 보물 1호입니다.

- 사람은 중심이 있어야 합니다. 한쪽으로 쏠리면 위험합니다.

- 흥하고 망하는 것은 순식간입니다. 오랜 시간에 걸쳐 이루어지는 것이 아닙니다.

- 옛말에 한 우물만 파라고 했는데, 현시대는 한 우물을 파다 성공하지 못하면 성공할 수 있는 곳을 찾아서 파야 합니다.

- 본인의 존재 가치는 남이 만들어주는 것이 아닙니다. 본인 스스로 만들어 나가야 합니다.

- 정상에 올랐을 때 희열을 느꼈다면 언젠가는 내려가야 한다는 마음가짐을 가져야 합니다.

- 인간 관계는 먹이사슬처럼 되어 있습니다.

- 초심과 순수성을 잃어버리면 금수보다 못한 인간입니다.

* * *

마지막으로 이 글을 쓸 수 있도록 용기를 주신 지인들께 감사의 말씀을 전합니다.